Think Green!
Love Lohas!

자연과 사람을 공경하는
당신이 아름답습니다!

인간과 지구는 함께 살아가는 동반자입니다.
살림로하스는 개인의 건강뿐만 아니라 사회의 건강, 자연의 건강을 추구합니다.
잘 먹고 잘 사는 웰빙을 넘어 인류와 지구를 생각하는 작지만 큰 실천을 담고 있습니다.
지구도 살고 인간도 사는 로하스 라이프!
작은 습관의 변화가 큰 변화를 만들어 냅니다.

| 일러두기 |

1. 같은 것보다 조금 다른 것, 매끄러운 것보다 조금 거친 것으로, 손으로 만든 소품의 멋과 재미를 느껴보세요.
   살림로하스는 자연 그대로의 지속가능한 라이프 스타일로 자연스런 삶, 건강한 삶을 추구합니다.

2. 따라 하는 과정의 이해를 돕기 위해 일러스트를 수록하였습니다.
   본문 속의 일러스트는 손으로 그린 그림이므로 실제 크기와 비율이 다르게 보일 수 있습니다.
   본문에 사용된 재단 단위는 센티미터(cm)를 기준으로 하였습니다.

3. 살아가며 자신의 것, 자신만의 분위기를 갖는 것은 중요합니다.
   이 책에서 다루는 소품들을 아이디어로 삼아 개성 넘치는 자기만의 스타일을 연출해 보세요.

* 이 책에 소개된 천연소품은 Sewing factory, 부라더미싱의 협찬과 도움을 받아서 제작되었습니다.

한땀 두땀 바느질의 즐거움
리넨스타일 천연소품 DIY

정원영

살림Life

에코人이 함께 만든 책!
먼저 읽어 봤어요!

노영옥 | 서울시 도봉구 방학동

일상생활에서 만나게 되는 소품과 홈패션 소재들을 정말 다양하게 만들어 볼 수 있도록 구성되어 있습니다. 무엇보다 건강한 재료들로 만들어져 안심이 됩니다. 이 책을 통해 만들어 보고 싶은 것이 너무 많습니다. 아이, 아빠와 함께 저런 소품들로 가득한 집에서 살 생각을 하니 마음이 설렙니다.

서민희 | 서울시 강서구 내발산동

전에 문화센터를 다니면서 바느질을 배웠지만 과정이 좀 어렵지 않나 생각했었습니다. 막상 따라 하다 보니 일러스트가 예쁘게 그려져 있어 수월하게 만들어 보았습니다. 일러스트를 저자분이 모두 그렸다고 해서 더 신뢰가 가고 감성적인 듯해요. 글은 짧지만 생활적이고 편안해서 좋네요.

황민숙 | 서울시 노원구 월계동

천연소품의 재료나 완성된 소품만큼이나 사진도 편안하고 좋습니다. "저렇게 연출하고 꾸미면 되겠는데……." 하면서 좋은 본보기로 따라 하고 싶습니다. 책의 전체적인 느낌이 자연적이어서 기분이 막 좋아져요. 물론 그 안에 펼쳐진 천연소품들은 더 갖고 싶고 만들고 싶습니다.

들 어 가 는 글

자연스러운 것의 편안함

나뭇잎 사이로 쏟아지는 햇살, 그 햇살을 따라 틈새로 보이는 하늘이 좋습니다.
빌딩 사이로 보이는 하늘에서 느낄 수 없는 여유입니다.
때로는 크고 멋진 건물에 감탄하지만 이내 지치고 맙니다.
조용한 숲 속에 앉아 있으면 깨끗한 공기가 코를 숨쉬게 하고
신선한 초록 빛깔이 눈에 편안한 휴식을 줍니다.
자연스러운 것들에 편안함을 느끼는 것이 저뿐만은 아닌가 봅니다.
요즘 마트에 가면 부드럽고 내추럴한 컬러들로 만들어진 상품들이 많습니다.
저렴한 가격에 상품들을 몇 번이나 손에 들었다가
끝내 담아오지 않는 것은 모두 같은 얼굴들로 자리 잡고 있어서입니다.
대량으로 만들어진 상품들은 편리하고 합리적이지만
어느 집을 가도 같은 모습을 하고 있을 것을 생각하니 그 개성 없음에 벌써 피곤해집니다.
저는 같은 것보다 모두가 조금씩 다른 것이 즐겁습니다.

바람의 속삭임이 얼굴을 스치는 가을 언덕에서 정원영

한눈에 보는 천연소품

부엌 *kitchen*

주방매트 22

1인용 식탁매트 23

잼뚜껑 커버 26

키친타올 27

주방장갑 30

하프 앞치마 31

바구니 커버 34

일상 *daily*

아이와 엄마의 시장가방 38

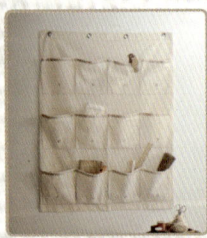
벽걸이용 다용도 주머니 42

베개커버 44

쿠션커버 45

캔버스 토트백 48

빨래 바구니 49

화분 커버 52

사각 가방 54

여행 *trip*

사선으로 매는 가방 58

필통 59

다용도 주머니 62

손수건 64

북커버 64

숄 68

아이 모자 70

조화
Harmony

테이블러너 76

커튼 77

아플리케 가방 80

클로버 앞치마 82

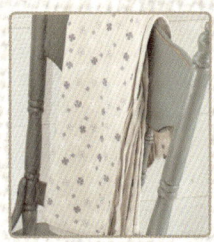

캔버스 앞치마 86

계절
Season

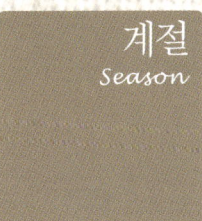
러그 90

무릎담요 91

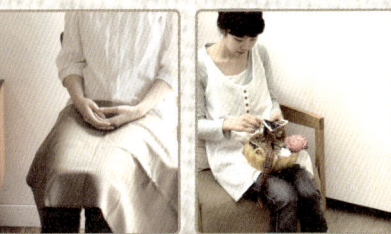
원피스 94

스커트 95

머플러 100

블라우스 103

아이 원피스 106

실내화 108

Contents 차례

준비
알아두면 좋은 천 이야기 ... 12
작업준비는 이렇게! ... 15
자주 사용하는 바느질 법 ... 16

Chapter 01 부엌
주방매트 ... 22
1인용 식탁매트 ... 23
잼뚜껑 커버 ... 26
키친타올 ... 27
주방장갑 ... 30
하프 앞치마 ... 31
바구니 커버 ... 34

Chapter 02 일상
아이와 엄마의 시장가방 ... 38
벽걸이용 다용도 주머니 ... 42
베개커버 ... 44
쿠션커버 ... 45
캔버스 토트백 ... 48
빨래 바구니 ... 49
화분 커버 ... 52
사각 가방 ... 54

모델명 brother Innov·is 30

Chapter 03
여행

사선으로 매는 가방 ... 58
필통 ... 59
다용도 주머니 ... 62
손수건 ... 64
북커버 ... 64
숄 ... 68
아이 모자 ... 70

Chapter 04
조화

테이블러너 ... 76
커튼 ... 77
아플리케 가방 ... 80
클로버 앞치마 ... 82
캔버스 앞치마 ... 86

Chapter 05
계절

러그 ... 90
무릎담요 ... 91
원피스 ... 94
스커트 ... 95
머플러 ... 100
블라우스 ... 103
아이 원피스 ... 106
실내화 ... 108

Preparation

준비

무엇인가를 만나는 것보다 만나기 전의 설레임이 더 좋다.

알아두면 좋은 천 이야기 · 작업준비는 이렇게 · 자주 사용하는 바느질 법

알아두면 좋은 천 이야기

소품 제작에 관심을 가지면서 '우리나라에는 천연 패브릭을 취급하는 곳이 별로 없다'고 생각하는 사람이 의외로 많다는 것을 알았습니다. 천연 패브릭은 말 그대로 자연에서 온 재료로 만든 천을 말합니다. 유기농(organic)으로 재배해서 만든 것이라면 더욱 좋겠지만 목화를 원료로 하는 면(cotton)과 아마에서 실을 뽑는 마(linen), 양털에서 뽑아내는 모(wool) 모두 자연에서 온 재료를 가공해서 만든 것이지요.

순도 100퍼센트인 면, 마, 모를 비롯해 면과 마가 섞여 둘의 장점을 살린 '면마'라고 부르는 소재도 있습니다. 면의 경우는 10수에서 100수까지 성긴 것부터 촘촘하고 부드럽게 만든 천까지 나오고 있습니다 (10수 또는 30수 : 1그램의 원료에서 실을 뽑았을 때 나온 m 수를 의미합니다. 숫자가 올라갈수록 가늘고 길게 뽑은 것입니다).

면 cotton

면은 목화솜을 원료로 하는 천연섬유로 피부에 자극을 주지 않고 편안한 느낌을 줍니다. 수분을 잘 흡수하기 때문에 옷이나 침구류 등에 두루 쓰이는 섬유입니다. 알칼리성이나 산성에 강하고 마찰에도 잘 견디지만 구김이 잘 가기 때문에 합성섬유와 혼합하거나 구김방지 가공을 하기도 합니다.

마 linen

아마의 실로 짠 얇은 직물을 리넨이라고 합니다. 리넨의 가장 큰 장점은 자연스러움입니다. 천연섬유 중에서도 리넨은 수분을 잘 흡수하고, 흡수한 수분을 잘 발산시키는 소재입니다. 자연스러운 느낌을 살리고 싶을 때나 땀이 많이 흐르는 여름에 침구 소재로도 좋습니다. 면에 비해서 가격이 비싼 편이지만 면보다 약 두 배 정도의 강도가 있어서 오래 사용해도 질긴 섬유입니다.

모 wool

면양의 털을 양모라 합니다. 부드러운 촉감과 보온이 잘 되는 소재입니다. 열에 약하고 해충의 영향을 받기 쉬우므로 방충제를 넣는 등 보관에 유의해야 합니다. 흡습성이 뛰어나 차갑고 축축한 느낌을 주지 않습니다. 잘 구겨지진 않지만 다리미질에 약한 것이 특징입니다.

옷을 만들 때 주로 사용하는 20~60수의 번은 너무 얇아 베개커버나 구션처럼 부드러운 촉감을 느끼고 싶은 소품 외에는 적합하지 않습니다. 캔버스(10수, 20수가 보편적)나 광목이 소품 제작으로 적당합니다. 최근 내추럴 스타일이 인기를 끌면서 워싱된 광목도 많이 나와 있습니다.

요즈음 소품 재료로는 리넨, 즉 마가 인기가 많지요. 자연스러운 느낌을 주기도 하고 가공을 많이 하지 않은 친환경 소재라서 더 인기가 많다고 생각합니다. 앞치마를 만들 때도 캔버스나 20수 광목 또는 워싱 광목, 리넨이 너무 얇지 않으면서 제작하기에도 어려움이 없어 많이 사용됩니다.

이 책에 나오는 소품들은 가능한 한 천만으로 만들 수 있는, 그래서 어렵지 않고 저렴하게 할 수 있는 것들을 만들어 보려고 노력했습니다. 각각의 소품에 들어가는 부자재에 대해서는 해당 페이지에 팁을 달아 추가로 설명했습니다.

작업 준비는 이렇게!

천을 재단하기 전에 한 번씩 다림질 하는 것이 좋습니다.
주름이 가 있는 경우 재단이 잘못 될 수 있기 때문입니다.

리넨은 물에 담갔다가 세탁해서 풀기를 제거하고
틀어진 방향은 자리를 잡은 후에 사용합니다.

물기를 제거할 때는 탈수를 하지 않고 그냥 말립니다.
바짝 마른 때보다는 거의 말라갈 때에
펼쳐가며 다림질 하는 것이 편합니다.

의류에 많이 쓰는 가공된 리넨이나 수입 리넨의 경우는
워싱이 되어 나오기 때문에 미리 세탁을 하지 않아도 됩니다.

자주 사용하는 바느질 법

● 창구멍을 막는 **공그르기**

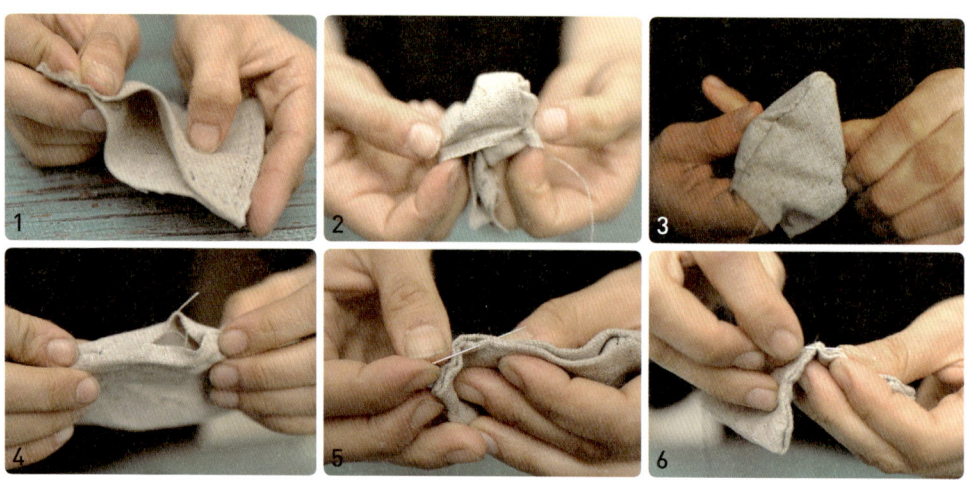

실이 겉으로 나오지 않게 천 속으로 떠서 하는 바느질. 단을 정리할 때나 창구멍을 막을 때 주로 사용한다.
천과 같은 색의 실을 이용해 일정한 간격으로 떠 주는 것이 좋다.

● **바이어스** 재단과 연결하기

1 식서 방향에서 45도 각도로 표시하고 필요한 폭의 바이어스 양을 재단한다.
2 잘라낸 두 개의 천은 겉끼리 마주대고 0.5cm 시접으로 홈질한다.
3 시접을 가름솔하고 옆으로 삐져나온 시접 끝은 잘라낸다.

바이어스 봉제법

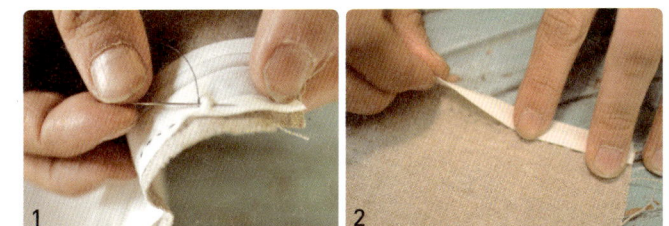

1 본판의 안쪽 면에 바이어스의 겉면을 마주하고 홈질한다.
2 홈질한 바이어스는 본판의 겉 쪽으로 넘기고 본판에 홈질된 완성선에 맞게 바이어스를 두 번 접는다.
3 겉면을 위로 보이게 놓고 접어 놓은 바이어스를 박는다.

가방 끈이나 허리끈에 많이 쓰는 **천루프 만들기**

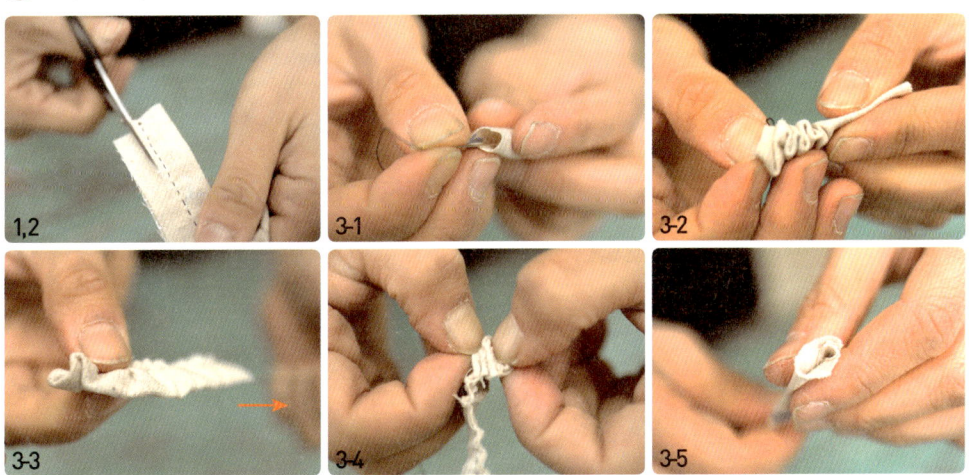

1 원하는 폭의 양만큼 천을 접어서 시접을 0.3~0.5cm 정도 남긴 곳에 촘촘하게 홈질한다.
2 시접을 0.2cm 정도 남기고 자른다.
3 박은 실을 길게 남겨 바늘에 꿰어 홈질한 구멍 속에 넣고 잡아당겨 뒤집는다.
   두꺼운 천일 경우는 폭을 좀 더 넓게 해야 쉽게 뒤집을 수 있다.

● **말아박기** 시접처리법

 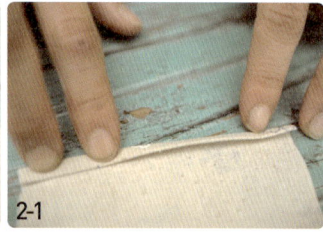 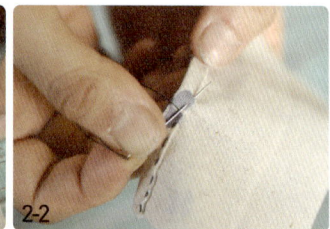

1 말아박아줄 부분을 0.5cm 접어 다린다.
2 또 한 번 겹쳐서 0.5cm를 접어 다리고 0.5cm 폭으로 홈질한다.

● 올이 잘 풀리는 소재를 연결하거나 밖에서 시접이 보이지 않도록 하고 싶을 때 쓰는 **통솔**

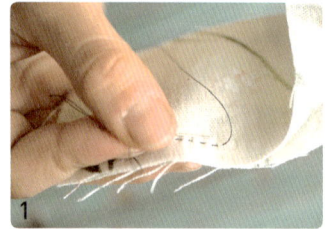  

1 천의 안쪽 면끼리 마주대고 겉에서 0.5cm로 홈질한다.
2 박은 선에서 0.3~0.4cm 정도 남기고 시접을 잘라낸다.
3 안쪽이 겉으로 보이게 뒤집어 0.5cm 폭으로 반박는다.

● 오버로크를 할 수 없을 때 쓰는 재봉틀의
   지그재그 스티치

🔘 버튼홀 스티치

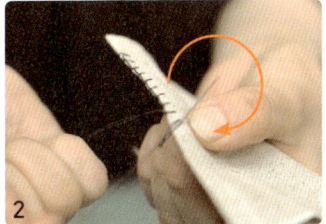

1 뒤에서 앞으로 바늘을 꽂는다.
2 꽂힌 바늘 위로 실 한 가닥을 감은 후 바늘을 뺀다.

🔘 홈질
가장 기본적인 바느질.
아이템과 용도에 따라 바늘 땀의 크기를 조절하며 직선으로 바느질한다.

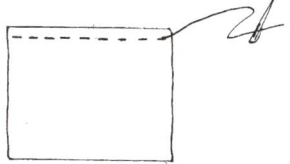

🔘 박음질(온박음질)
한 땀을 뜨고 난 다음 그 바늘땀 전부를 되돌아가서 다시 꿰매는 방법. 재봉틀은 박음질 원리를 이용한 바느질이다.

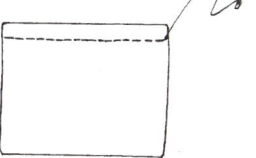

🔘 반박음질
홈질보다는 튼튼하고 박음질보다는 성긴 것으로 한 땀을 뜨고 뒤로 1/2 되돌아가서 뜬다. 겉에서 보기에는 홈질한 것처럼 보인다.

🔘 천의 **식서 방향과 단위**

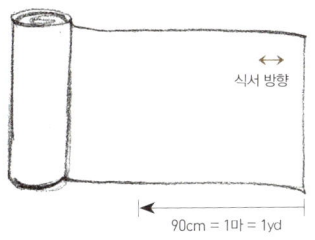

90cm = 1마 = 1yd

옷감이 풀리지 않도록 처리되어 나온 세로 방향을 '식서'라고 하고 가위로 자르는 방향은 올이 풀려서 '푸서'라고 합니다.
재단을 할 때 식서 방향으로 길게 풀어 쓰는데 90cm가 1마입니다.
시장에 가서 야드(yard, yd)라고도 말하는데 1야드가 1마입니다.
폭은 주로 인치(inch)를 쓰는데 광목은 44인치와 60인치가 많이 나와 있습니다.

Kitchen
CHAPTER 01

부엌

한해 두해 나이가 더해가면서 건강한 삶을 만들어 주는 것에 눈이 갑니다. 좋은 재료로 만들어 몸에 해롭지 않은 음식을 먹는 것은 무엇보다 중요하다고 생각합니다.

부엌 표정이 달라진다면 한 번 더 들어가 보고 싶지 않을까요? 내 마음에 꼭 드는 주방장갑이 생기면 뭔가 더 끓이고 싶어지지 않을까 하는 생각에 만들어 보았습니다.

주방매트 • 1인용 식탁매트 • 잼뚜껑 커버 • 키친타올 • 주방장갑 • 하프 앞치마 • 바구니 커버

kitchen mat | table mat
주방매트　1인용 식탁매트

주방매트

바닥에 놓고 쓰는 물건인 만큼 주방매트는 대개 닦기 쉬운 PVC 소재를 많이 사용합니다. 하지만 PVC에 비해 방수가 되지 않아 불편하더라도 청결하고 예쁜 주방을 위해 면 소재를 써 보세요. 닿는 느낌도, 발의 건강에도 더 좋습니다.

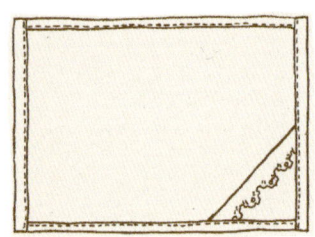

크기 62×52
재료 캔버스 64×104, 라인용 면 64×24, 레이스 30
재단 앞판·뒤판 각 1장씩, 라인용 4장

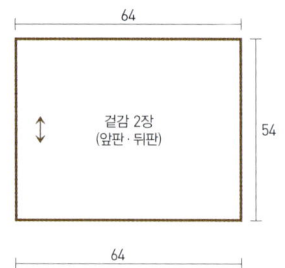

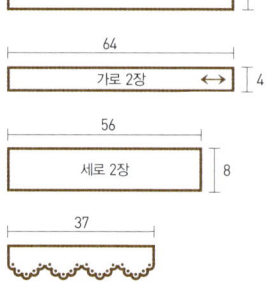

1 앞판 겉면에 레이스를 얹고 홈질한다.
2 앞판과 뒤판을 안쪽 면끼리 마주대고 0.5cm로 홈질한다.
3 앞판의 겉면에 가로 라인용으로 재단한 천의 겉면을 대고 1cm 시접으로 반박음질 후 매트의 뒤판 쪽으로 넘겨 1cm 폭으로 두 번 접어 말아박는다.
4 세로 라인 양옆의 시접은 뒤판 겉면에 라인용으로 재단한 천의 겉을 마주보게 하고 위 아래 양끝 1cm는 접어 넣고 2cm 시접으로 박은 후 매트의 앞판 겉면 쪽으로 넘겨서 2cm 폭으로 두 번 접어 말아박는다(바이어스 봉제법 17쪽 참조).

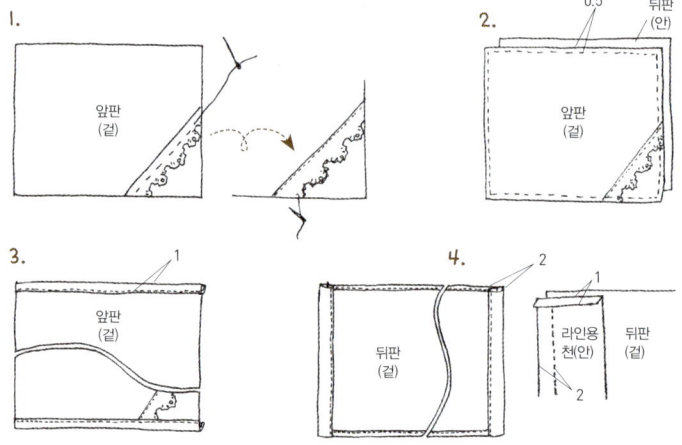

PVC & 주방매트에 좋은 천

PVC(Poly Vinyl Chloride)는 염화비닐을 과산화물 촉매로 처리한 합성수지로 '폴리 염화 비닐'의 약어입니다. 주로 비옷이나 샤워커튼, 주방매트, 포장용 시트처럼 질기면서도 유연한 제품이나 각종 튜브, 호스, 전선에 쓰이는 원료입니다. 강도가 우수하고 약품에는 저항력이 크지만 열에 약합니다.

주방매트를 만들 때는 발에 닿는 느낌을 고려해 마 소재를 쓰거나 면을 사용하더라도 질감이 있게 짜인 면으로 해야 바닥에 놓았을 때 이리저리 움직이지 않고 덜 미끄럽습니다. 너무 얇은 소재보다는 두께가 있는 편이 좋습니다. 혹시 프린트는 마음에 드는 데 너무 얇은 천일 때에는 앞판과 뒤판 사이에 얇은 퀼트 솜을 끼우면 됩니다.

저는 자주 세탁하는 편이라 앞뒤 모두 면으로 만들었습니다. 때가 쉽게 타지 않는 어두운 색으로 만들 때는 바닥에서 밀리지 않도록 뒤판은 미끄럼 방지천을 사용하세요.

1인용 식탁매트

1인용 식탁매트를 양면으로 만들면 기분에 따라 뒤집어 쓸 수 있습니다. 몇 개 만들어 두면 그날그날 바꾸거나 손님이 오셨을 때 색다른 분위기를 연출할 수 있습니다.

크기 45×35
재료 워싱광목 45×35, 4cm 폭 바이어스 160
재단 앞판·뒤판 각 1장

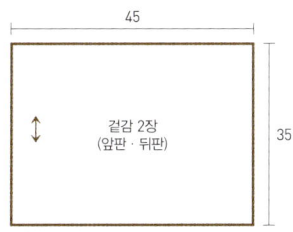

1 시접 없이 잘라낸 앞판과 뒤판을 안과 안끼리 마주대고 0.5cm 시접으로 홈질한다.
2 양옆의 세로 라인부터 바이어스를 두른다. 뒤판의 겉에 바이어스의 겉을 마주 대고 1cm 시접으로 박아 넘긴 후 1cm 폭으로 두 번 접어 말아박는다. (바이어스 봉제법 17쪽 참조)
3 위아래의 가로 라인도 같은 방법으로 시접을 정리한다.
4 무늬가 없는 면의 한쪽에 장식라벨을 반박음질로 단다.

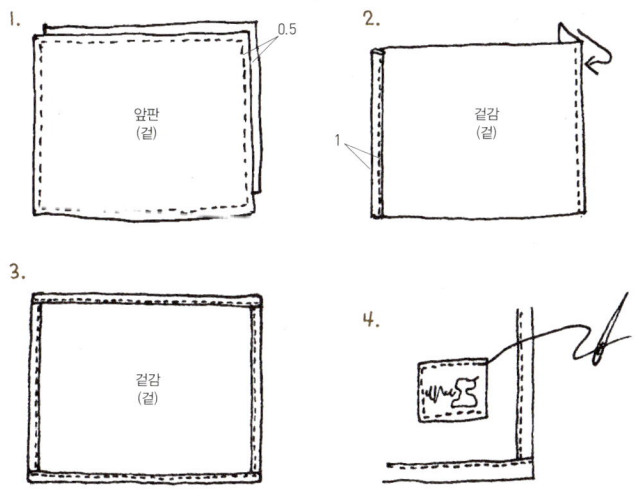

식탁매트에 어울리는 소재
식탁매트는 면이나 리넨을 사용해 보세요. 앞·뒤판 모두 면으로 만들거나 컬러가 다른 리넨 두 장으로 만들어도 실용적입니다. 리넨은 자연스럽게 구김이 생겨서 다른 소재에 비해 분위기 있는 상차림을 연출하기 좋습니다.

jam cover | kitchen towel
잼뚜껑 커버 | 키친타올

잼뚜껑 커버

가끔 집에서 만든 잼을 가까운 사람들과 나누어 먹고
싶을 때가 있습니다. 선물하려는 병뚜껑에 천을 씌워 장식하면
직접 만든 잼과 어우러져 받는 분들도 좋아합니다.

크기 병 뚜껑에 따라 다름
재료 20수 워싱광목 14.5×14.5, 레이스 15, 5.5mm 폭 고무줄 10
재단 본판 1장

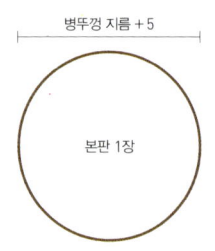

1. 본판의 시접을 0.5cm 폭으로 두 번 접어 말아박는다.(말아박기 시접처리법 18쪽 참조)
2. 원하는 길이의 고무줄을 겹쳐 동그란 모양을 만들고 동그라미가 쉽게 풀어지지 않도록 겹쳐진 부분을 박음질로 고정시킨다.
3. 본판에 고무줄을 올려놓고 박는다.
4. 본판의 끝에 레이스를 얹어 홈질로 마무리한다.

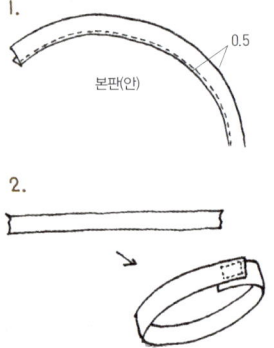
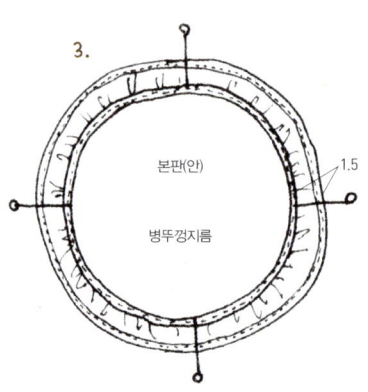
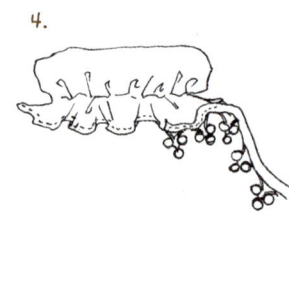

고무줄 다는 법 & 뚜껑 커버 재단법

고무줄이 수축되는 것을 감안해서 고무줄을 본판의 2/3 정도의 길이만큼 준비하세요.
고무줄을 박을 때는 주름이 한 곳에 몰리지 않도록 4등분으로 나누고 각의 4면에 고무줄이 만나는 위치를 표시해 보세요. 정해진 위치에 맞추어 고무줄을 당겨가면서 박음질합니다.
뚜껑 커버는 병뚜껑에 천을 씌워 병뚜껑의 지름과 병뚜껑 커버를 씌웠을 때 내려올 부분의 크기를 계산해서 재단합니다. 고무줄로 주름을 만들 때 재봉하기 어렵지 않으려면 병뚜껑 커버는 너무 두껍지 않으면서 구김이 많지 않은 천을 사용하는 것이 좋습니다.

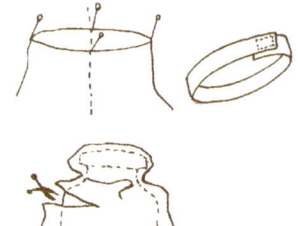

키친타올

리넨은 면보다 물기가 훨씬 잘 마릅니다.
눅눅함을 없애줄 주방 수건을 리넨으로 만들어 봤습니다.
벌써부터 산뜻한 기분이 듭니다.

크기 45×57
재료 리넨 49×61
재단 본판 1장, 고리 1장

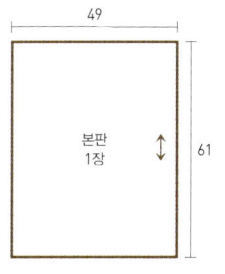
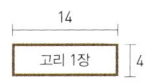

1 고리는 가운데를 중심으로 양쪽에서 1cm 폭으로 두 번 맞접고 0.1cm로 박는다.
2 본판의 시접은 세로 방향부터 1cm 폭으로 두 번 접어 박는다.
3 가로 방향의 시접은 1cm 폭으로 한 번 접고, 한 번 더 1cm 폭으로 접은 다음 가운데 지점에 고리를 끼워 0.2cm 폭을 두고 박는다.

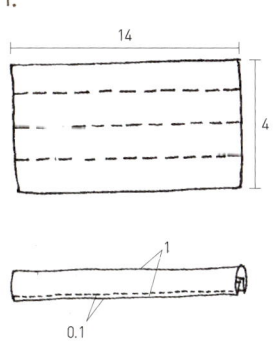
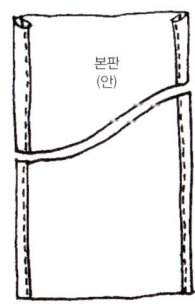
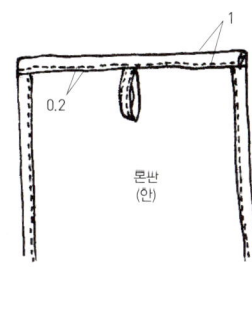

리넨의 특징

리넨은 물기가 빨리 마르는 장점이 있지만 세탁을 하면 수축률이 큰 단점도 있습니다. 이런 단점을 보완한 면과 혼방된 리넨도 많습니다. 혼방된 것은 리넨 100%보다 수축도 덜 되고 디자인이나 두께, 촉감이 더 다양합니다. 제가 만든 것은 리넨 100%인데 수건을 만들어 쓸 때는 일반적으로 수건에 쓰이는 '타올지'로 만들어 보세요. 타올 표면에 있는 파일 때문에 흡수와 통풍이 잘 됩니다.

kitchen glove | half lap
주방장갑 　하프 앞치마

주방장갑

주방 한쪽에 있는 듯 없는 듯 걸어 두지만
주방의 표정을 좌우하는 것이 주방장갑입니다.
잠깐 쓰고 긴 시간 걸어두게 되는 장갑에 나만의 개성을 담아봅니다.

크기 22×20
재료 겉감용·안감용 면 각 48×48, 4온스 퀼트솜 22×20
재단 겉감·안감 큰판 각 1장, 작은 판 각 2장, 솜은 시접 없이 재단

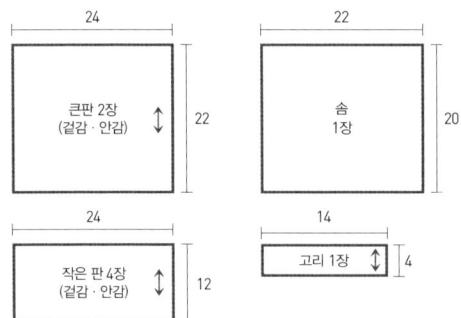

온스와 솜

온스(oz, ounce)는 무게나 질량을 재는 단위입니다. 온스는 숫자가 커질수록 무게가 올라가고 솜의 두께도 두꺼워집니다. 퀼트 소품을 만들 때는 4온스의 솜을 사용하는 경우가 많은데 저도 주방장갑에 4온스 솜을 넣었습니다.
솜의 종류에는 목화나 명주 같은 천연 솜과 폴리에스테르나 실크솜이라고 부르는 화학 솜이 있습니다. 화학솜은 원단시장에서 구름솜, 방울솜, 폴리솜이라고 불립니다.

1 겉감과 안감을 연결할 때 밀리지 않도록
  겉감의 안쪽에 솜을 시침한다.
2 겉감과 안감을 겉면끼리 마주하고 5cm 폭의
  창구멍을 두고 1cm 시접으로 박고 뒤집는다.
3 겉감과 안감 두 개의 작은 판은 각각 겉과 겉을 마주하고
  큰판과 같은 방법으로 박아서 뒤집는다.
4 뒤집은 작은 판의 창구멍 시접을 안쪽으로 밀어 넣고
  0.1cm 스티치로 박아서 창구멍을 막는다.
5 고리는 1cm 폭으로 가운데를 중심으로
  양쪽에서 두 번 접어 0.1cm 폭을 두고 박는다.
6 큰판 안쪽 위에 작은 판 안쪽을 마주하고
  모서리에 고리를 끼워 4면 모두 0.1cm 폭으로
  박는다.

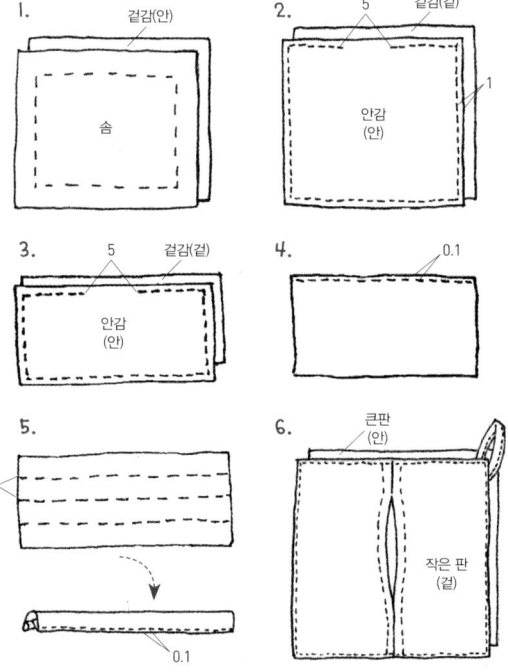

하프 앞치마

앞치마를 입기에는 거추장스럽고, 입지 않기에는 허전할 때가 있습니다.
하프 앞치마는 상차림을 할 때, 한가한 일요일, 가벼운 도시락을
준비할 때 잘 어울립니다. 일상적으로 커피 내리는 일도
하프 앞치마를 두르면 왠지 특별해집니다.

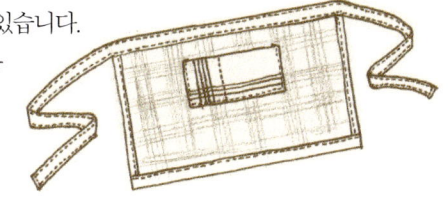

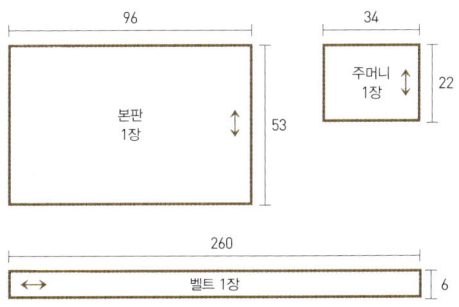

크기 92×45
재료 체크무늬 리넨 140×60, 주머니용 광목 34×22,
    스티치용 실 70
재단 본판 1장, 주머니 1장, 벨트 1장

앞치마에 좋은 천 & 스티치용 실
앞치마를 만들 때는 캔버스, 20수 광목, 워싱광목, 리넨이 좋습니다. 너무 얇지도 않고 만들기도 어렵지 않아 적당하지요. 스티치에는 퀼트나 십자수에 사용하는 자수실이나 청바지를 만들 때 쓰는 스티치 전용실을 사용하세요. 특히 자수실은 가닥 숫자를 조절할 수 있어서 편리합니다.

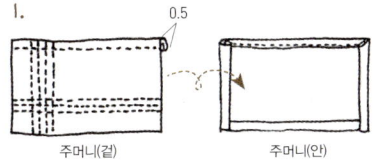

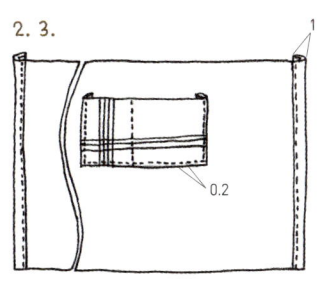

1 주머니에 장식으로 스티치를 박고 입구 부분의 시접만 안쪽으로 0.5cm씩 두 번 접어 박고 나머지 시접은 접어서 나린다.
2 앞치마의 본판 겉에 주머니를 올려놓고 입구 부분을 제외한 양옆과 밑단을 0.2cm 폭으로 스티치한다.
3 본판 양옆의 시접은 1cm씩 두 번 접어서 박는다.
4 벨트는 양쪽 끝의 시접 1cm를 안쪽으로 접은 후 벨트 가운데를 중심으로 가로로 반을 접고 1cm 시접을 안으로 접은 상태에서 박는다.
5 본판 위와 아래의 시접은 2cm씩 두 번 접어서 박은 뒤에 만들어 둔 벨트를 앞치마 윗부분에 놓고 벨트의 4면을 모두 0.2cm 폭으로 박아 고정한다.

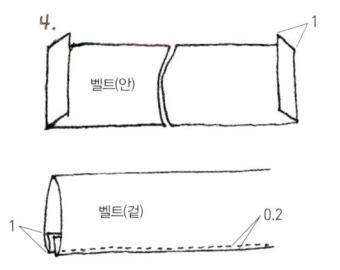

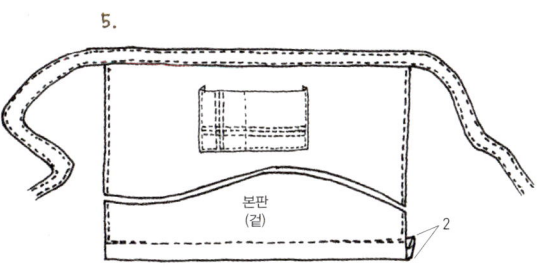

basket cover
바구니 커버

선물용으로 들어오거나 딸기를 샀을 때 포장으로 따라온 바구니들은
잘 두었다가 커버만 씌워도 좋은 인테리어 소품이 됩니다.
무늬가 마음에 드는 접시들을 담아도 좋고
뚜껑을 씌운 잼 병을 넣어도 예쁩니다.

크기 바구니에 따라 다름 (30×36)
재료 20수 면 32×38, 4cm 폭 바이어스 150
재단 본판 1장, 바이어스 총 4장
(손잡이 부분에 쓸 짧은 길이로 2장,
리본까지 포함한 길이로 2장)

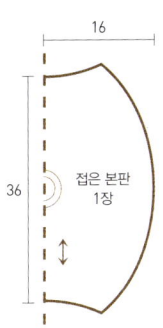

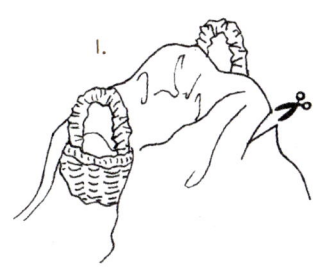

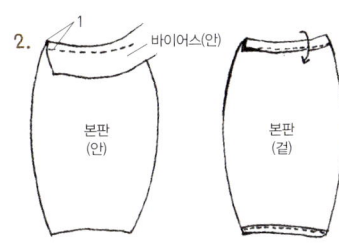

1 바구니의 깊이만큼 천을 넣어 필요한 분량을 정한 후 가위로 잘라낸다.
2 재봉하기 쉽게 천의 모양을 재단하고 양끝 손잡이 부분부터 바이어스 처리를 한다.
 (바이어스 저리밥 17쪽 참조)
3 리본으로 묶어줄 수 있는 만큼 양쪽으로 여유 있는 길이로 바이어스를 단다.
4 바구니에 씌운 후 손잡이 부분을 리본으로 묶어 천을 고정한다.

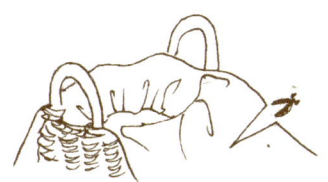

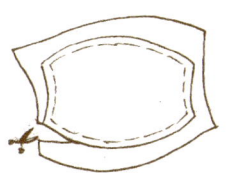

바구니 커버 재단법
바구니 커버를 만들 때는 바구니의 깊이만큼 천을 넣고 바구니의 겉면이 원하는 위치까지 천의 자리를 잡은 뒤에 시접 분량을 포함해 잘라냅니다. 천을 펼쳐 놓고 박을 선을 정리한 다음에 재단하세요.

daily
CHAPTER 02

일상

어린 조카에게 가방을 만들어 주었습니다. 엄마를 따라 시장에 갈 때 자신의 물건을 스스로 들 수 있게 하기 위해서입니다. 손으로 만든 물건의 멋과 재미를 어릴 때부터 함께 나누고 싶었습니다. 살아가며 자신의 것, 자신만의 분위기를 갖는다는 것은 중요합니다.

직접 만든 물건은 많은 애착이 갑니다. 내 손 때가 묻어 있는 물건은 더욱 소중하게 여겨집니다. 집안 구석구석에 나의 작은 손길이 스며들면 지루하던 일상도 버리기 아까워집니다. 손이 닿는 곳에서부터, 쿠션이나 베개처럼 만들기 쉬운 것부터 시작합니다.

아이와 엄마의 시장가방 · 벽걸이용 다용도 주머니 · 베개커버
쿠션커버 · 캔버스 도트백 · 빨래 바구니 · 화분 커버 · 사각 가방

gauze bag
아이와 엄마의 시장가방

아이 시장가방

같은 소재이지만 조금 다른 모양으로 아이와 엄마의 가방을 만들어 보세요.
따로 또 같이 장을 보러 가는 길은 두 사람의 이야기로 즐거워집니다.

크기 24×26
재료 거즈면 52×54, 레이스 14, 바이어스 4cm 폭 100
재단 본판 2장

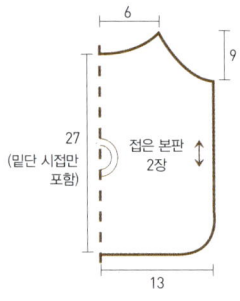

1. 가방 입구 부분은 시접 없이 재단한 후에 0.5cm 들어간 자리에 레이스를 단다.
2. 본판 두 장을 안쪽 면끼리 마주대고 양옆과 밑단을 0.5cm 폭을 두고 박음질하고 시접을 0.3cm 남기고 잘라낸 다음 뒤집는다.
3. 본판의 겉과 겉이 마주 보는 상태에서 시접을 0.5cm 폭으로 박고 뒤집으면 시접 처리가 완성된다.
4. 입구 부분은 본판의 안쪽에 바이어스 겉면을 대고 1cm 폭으로 박은 후 바이어스를 겉면 쪽으로 넘기고 1cm 폭으로 두 번 접어서 박는다.
   (바이어스 봉제법 17쪽 참조)
5. 4번과 같은 방법으로 끈의 길이를 조절하여 바이어스 처리한다.

시장가방 만들기 좋은 소재
제가 만든 아이 시장가방은 거즈면을 사용했습니다. 튼튼하게 만들고 싶다면 의류 가봉용으로 나와 있는 얇은 광목이나 아사면, 20수 워싱광목 등을 추천합니다.

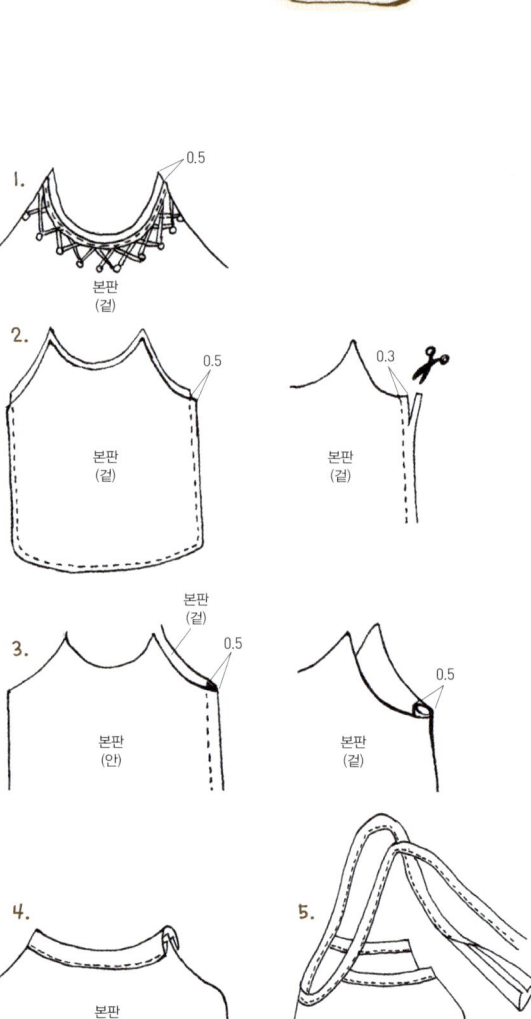

엄마 시장가방

비닐봉지처럼 가볍고 부담 없으면서 일회성이 아닌 가방을 만들었습니다.
내용물이 살짝 비치는 거즈소재 가방은 무엇을 샀는지,
깜빡 잊은 것은 없는지 확인할 수 있습니다.

크기 46×42
재료 거즈면 96×96, 4cm 폭 바이어스 220
재단 본판 2장, 끈 2장

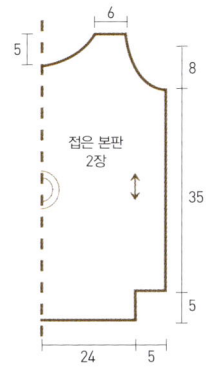
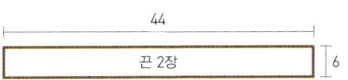

1. 본판 안과 끈의 안을 마주 보고 0.5cm 폭의 시접으로 박아 뒤집어 통솔로 처리한다.
   (통솔 처리법 18쪽 참조)
2. 각 본판의 밑단 모서리와 옆선 아래가 만나는 직각 부분은
   1cm 시접을 두고 홈질하고 바이어스 처리해서 바닥을 만든다.
3. 본판 두 장의 겉과 겉을 마주하고 1cm 시접으로 박은 후 바닥 부분과 같게
   본판 안쪽에서 옆선 부분과 손잡이 부분을 순서대로 바이어스 처리한다.

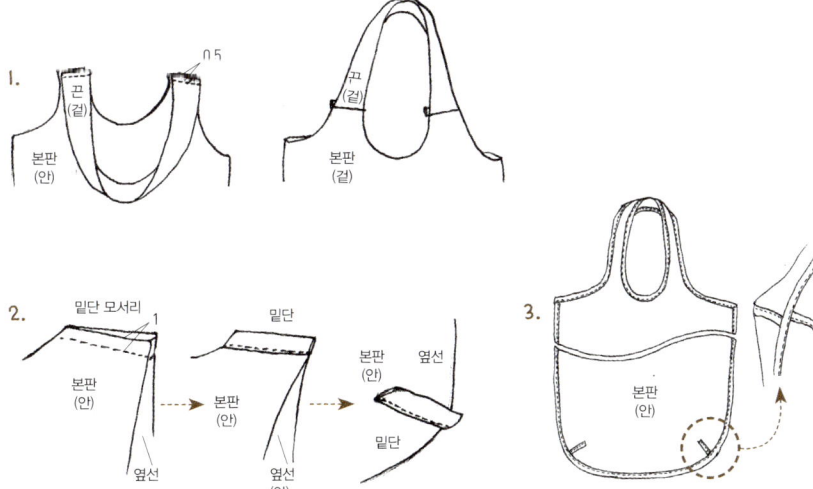

41

wall pocket
벽걸이용 다용도 주머니

천으로 만든 벽걸이 주머니는 이동, 보관, 관리가 편리합니다. 서랍이나 나무 상자처럼 견고하지 않아도 주머니마다 다른 물건을 담을 수 있습니다. 특히 어디다 두었는지 잊기 쉬운 작은 물건들을 손쉽게 보관할 수 있습니다.

크기 64×84
재료 20수 워싱광목 78×154, 1cm 폭 테이프 240, 스탬프 3~4개, 패브릭용 잉크 1개, 지름 25mm 아일렛 4개
재단 본판 1장, 주머니용 판 3장

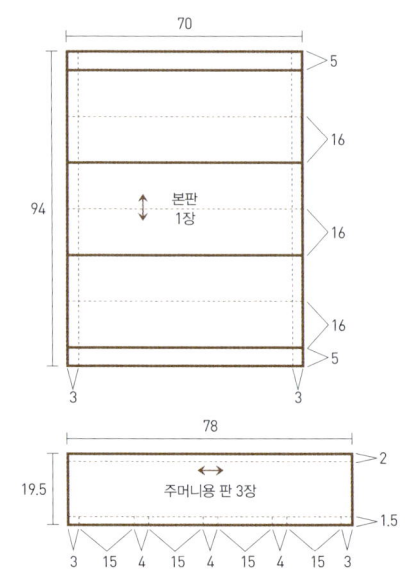

1 본판에 아웃라인을 잡은 후 주머니가 달릴 위치는 미리 표시한다.
2 주머니가 될 천에 주름으로 잡힐 부분에도 미리 재서 표시한다.
3 주머니의 입구 부분은 1cm 폭으로 두 번 접어 박아 시접을 처리한다.
4 3의 시접 처리한 위로 1cm 폭으로 된 장식용 테이프를 0.1cm로 스티치해 주고
 밑단에서 5cm 정도 올라온 위치에 스탬프를 찍어 장식한다.
5 주머니 아래 부분의 주름(TUCK)은 핀으로 서로 맞닿게 위치를 잡은 후 박아서 고정해 둔다.
6 본판 위에 주머니 겉면을 대고 1.5cm 시접으로 박아 접어 올린다.
7 주머니 사이를 박아서 고정한다.
8 주머니를 다려 자리를 잘 잡게 하고 양옆의 시접은 1cm 접어 넣고 2cm를 접어서 박는다.
9 위아래의 시접은 1cm접고 4cm로 또 한 번 접어서 박는다. 아일렛 뚫을 위치를 표시한 후 아일렛을 만든다.

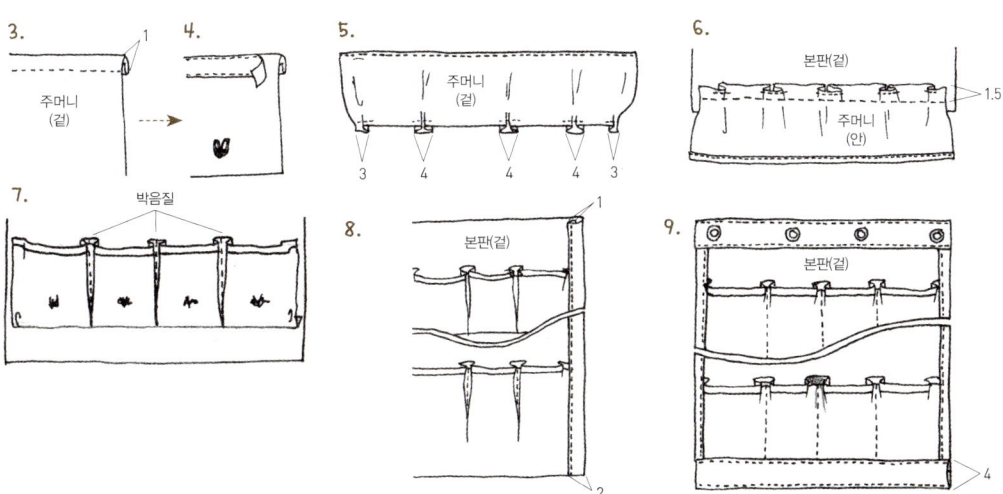

다양한 부자재

주머니 입구에 장식용으로 사용한 테이프는 선물 포장할 때 많이 사용하는 얇고 미끄러운 공단 테이프보다는 골직 리본을 사용하는 편이 작업하기에 쉽습니다. 저는 워싱광목에 잘 어울리는 무광 골직 스티치 리본을 사용했습니다.
다양한 크기의 스탬프와 패브릭용 잉크는 문구점이나 퀼트 부자재를 파는 곳에서 구할 수 있습니다. 패브릭용 잉크를 얇은 천에 찍을 때는 천 아래에 종이를 깔고 하세요. 잉크를 묻혀 천에 스탬프를 찍은 후 잉크가 다 마르면 사용하지 않는 조각 천으로 덮어서 다리미로 한 번 눌러 주세요.

아일렛 만들기

1 아일렛이 박힐 부분을 표시해 놓고 천을 뚫는 아일렛 기구로 구멍을 뚫습니다.
2 둥근 구멍이 있는 아일렛 기구를 바닥에 놓고 볼록한 모양의 아일렛을 올립니다.
3 볼록한 아일렛 위에 천의 구멍 부분 안쪽 면이 위로 보이게 놓고 동글하고 납작한 아일렛 부속을 끼웁니다.
4 원통 모양의 아일렛 기구를 아일렛 부속에 대고 망치를 내려치면 완성됩니다.

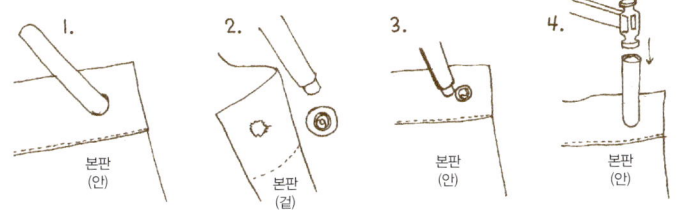

pillow cover | cushion cover
베개커버　　　쿠션커버

베개커버

커버링 하는 천 외에 지퍼나 단추 등 다른 재료를 사용하지 않고 베개커버를 만들어 봤습니다. 많은 재료를 사용하지 않고 만드는 과정부터 사용하는 것까지 간단해서 마음에 듭니다.

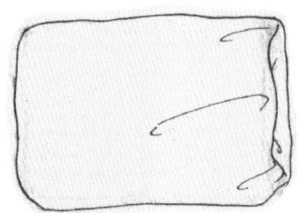

크기 60×44
재료 30수 면 85×92
재단 본판 2장

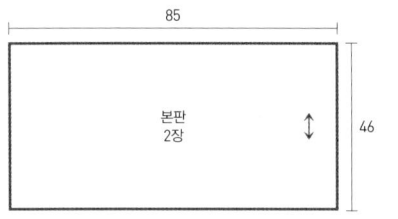

1 길게 재단한 두 장의 본판은 겉면끼리 마주한 후 입구를 제외한 3면을 1cm 폭으로 박고 두 장의 시접을 겹쳐 오버로크하거나 지그재그 스티치하고 뒤집는다.
2 베개 입구는 안쪽을 향해 2cm 폭으로 두 번 접어서 말아박는다.
3 베개 솜을 넣고 커버의 입구를 안쪽으로 밀어넣는다.

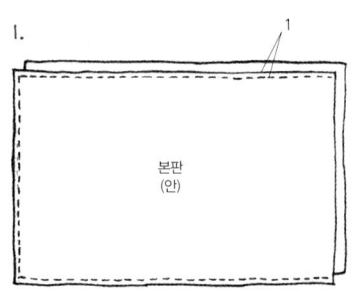
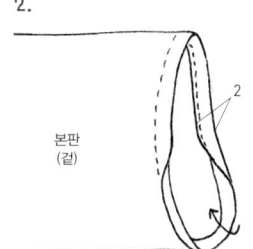

몸에 좋은 베개 만들기

제가 만든 베개 솜의 크기는 55×40입니다. 시중에 나와 있는 베개 솜은 70×50 내외가 많습니다. 커버는 솜의 크기보다 조금 넉넉히 만드는 것이 솜을 넣고 빼기에 편합니다. 불룩한 솜에 커버가 뭉치지 않도록 여유 있게 재단하세요.
여름에는 리넨으로 만들어 시원한 느낌으로 사용합니다. 자주 세탁해야 하므로 면은 너무 얇지 않은 것으로 하는 것이 좋습니다. 저는 커버를 뒤집어씌울 목적으로 덧대지 않았지만 누빈 천으로 안감을 만들어 주면 톡톡한 느낌의 베개를 만들 수 있습니다.

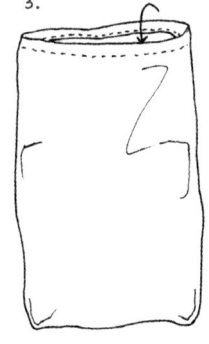
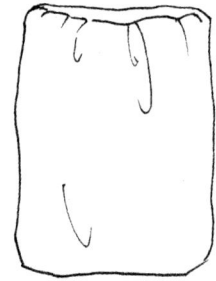

쿠션커버

옷을 만들 용도로 나온 부드러운 리넨은 쿠션을 만들어도 좋습니다.
손이 닿거나 얼굴을 기댈 때의 느낌이 참 좋습니다.
나른한 오후, 부드럽고 폭신한 쿠션에 기대어 소설도 읽고
만화책도 읽다 보면 어느새 졸음이 옵니다.
잠시 쿠션을 베개 삼아 단잠에 빠져 보세요.

크기 40×40
재료 리넨 84×90, 줄스냅 15
재단 앞판 1장, 뒤판 위 1장,
  뒤판 아래 1장

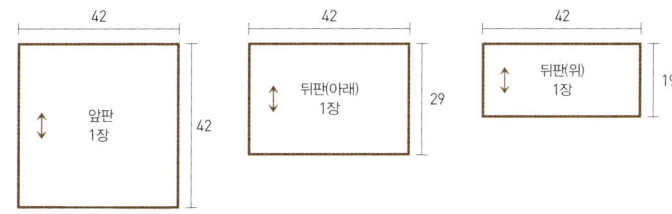

1 두 개의 뒤판 모두 한쪽 면을 1cm 폭으로 두 번 접어 말아박는다.
2 뒤판 두 개를 놓고 줄스냅으로 쿠션커버가 열릴 자리를 잡는다.
  튀어나온 쪽의 스냅은 위판의 안쪽 면에, 패인 쪽의 스냅은 아래판의 겉면에서
  각각 0.1cm 폭으로 박는다.
3 앞판과 뒤판의 겉과 겉을 마주대고 4면을 1cm 시접으로 박은 후에
  줄스냅으로 열어 뒤집는다.
4 가장자리를 0.1cm 스티치로 눌러 박는다.

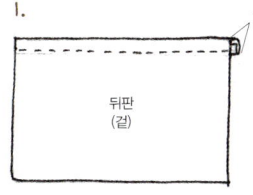

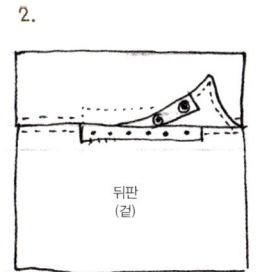
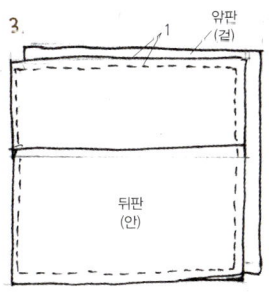
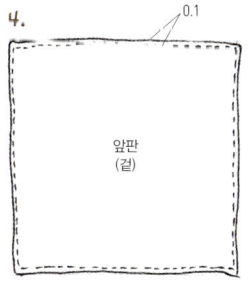

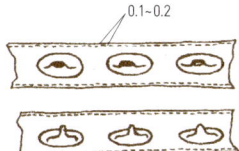

줄스냅에 대해
줄스냅은 플라스틱 스냅단추가 테이프 위에 길게 달려 있어 원하는 만큼 잘라서 쓸 수 있습니다. 지퍼 다는 일이 어렵거나 귀찮게 여겨질 때 간단하게 여밀 수 있어 편리합니다. 튀어나온 부분과 패인 부분이 서로 맞도록 잠금 상태에서 자르세요. 단추를 피해서 테이프에 0.1~0.2cm 폭을 두고 박으면 됩니다.

tote bag
캔버스 토트백

캔버스는 볼수록 정이 가고 낡아지는 느낌이 마음에 드는 소재입니다.
사각형 가방이 재미없을 때 캔버스로 다른 모양의 가방을 만들었습니다.
그리는 대로 가방의 형태를 만들고 색깔도 평소에 잘 쓰지 않았던 것을
선택해 보세요.

laundry bag
빨래 바구니

자연스러운 느낌을 주기 위해 가공하지 않은 대마로 빨래 바구니를 만들었습니다.
대마로 만든 빨래 바구니가 세탁실에 들어가니 분위기가 한결 부드러워집니다.

캔버스 토트백

크기 55×58
재료 캔버스·안감용 면 각 57×120, 스티치 실, 라벨 테이프 8
재단 겉감 2장, 안감 2장

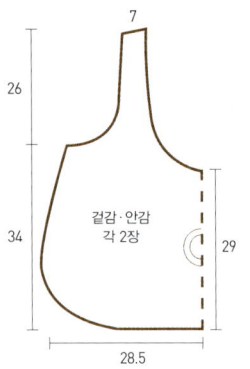

1. 겉감 두 장을 겉면끼리 마주하고 손잡이 부분을 제외한 옆면과 밑면을 1cm 시접으로 박는데, 옆면의 한쪽에 라벨 테이프를 끼워 박는다. 안감도 같은 방법으로 만들어 둔다.
2. 손잡이는 같은 쪽에 있는 것끼리 겉과 겉을 마주하고 1cm 시접으로 박은 후 시접을 다림질로 갈라서 손잡이를 만든다. 안감의 손잡이도 같은 방법으로 만든다.
3. 겉감의 겉면에 손으로 장식용 스티치를 넣는다.
4. 뒤집은 안감에 겉감을 넣어 안감의 겉면과 겉감의 겉면을 마주보게 하고 입구 부분을 창구멍으로 두고 손잡이 부분을 제외한 옆면과 밑면을 1cm 시접으로 박는다.
5. 창구멍을 뒤집어서 가방의 형태를 정리하고 창구멍과 손잡이 부분은 공그르기로 마무리한다.

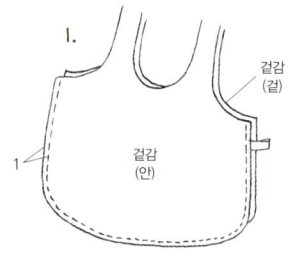
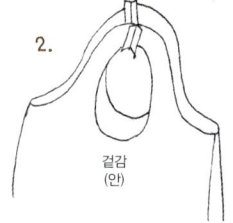
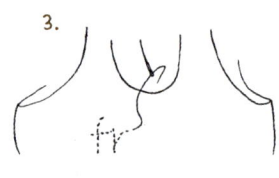

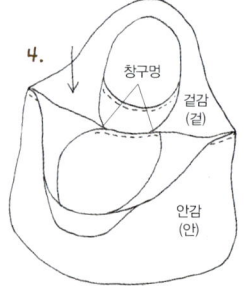
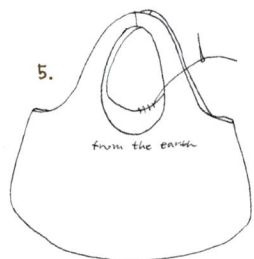

양면 가방 만들기
양면으로 뒤집어서 사용할 수 있는 가방으로 기분 전환이 될 수 있게 도톰한 캔버스와 20수 면을 사용하여 만들었습니다. 마음에 드는 천이 너무 얇다면 천과 천 사이에 접착 솜을 끼웁니다.

빨래 바구니

크기 34×38
재료 대마 1마
재단 본판 4장, 바닥 1장, 끈 2장

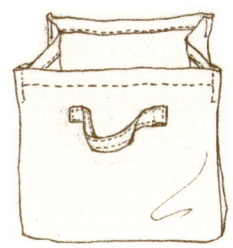
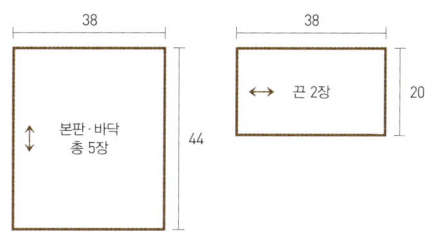

1. 본판 네 장의 시접은 1cm 폭의 통솔로 박아 사각기둥이 되도록 연결한다. (통솔처리법 18쪽 참고)
2. 본판과 같은 방법으로 바닥을 연결해 바구니의 형태를 만든다.
3. 바구니의 입구 부분은 2cm 폭으로 안으로 두 번 접어 박아서 시접 처리한다.
4. 끈은 위아래 양쪽 끝을 1cm씩 접어 안쪽으로 향하게 하고, 가운데를 중심으로 양쪽에서 한 번씩 접어서 다린 후 양옆을 0.2cm 폭으로 홈질한다.
5. 본판 겉에 위치를 잡아 끈을 박은 다음 본판을 두 장씩 맞잡아 2cm 폭으로 입구에서 7cm 정도 밑으로 내려온 곳까지 박아 바구니의 각이 잡히게 만든다.

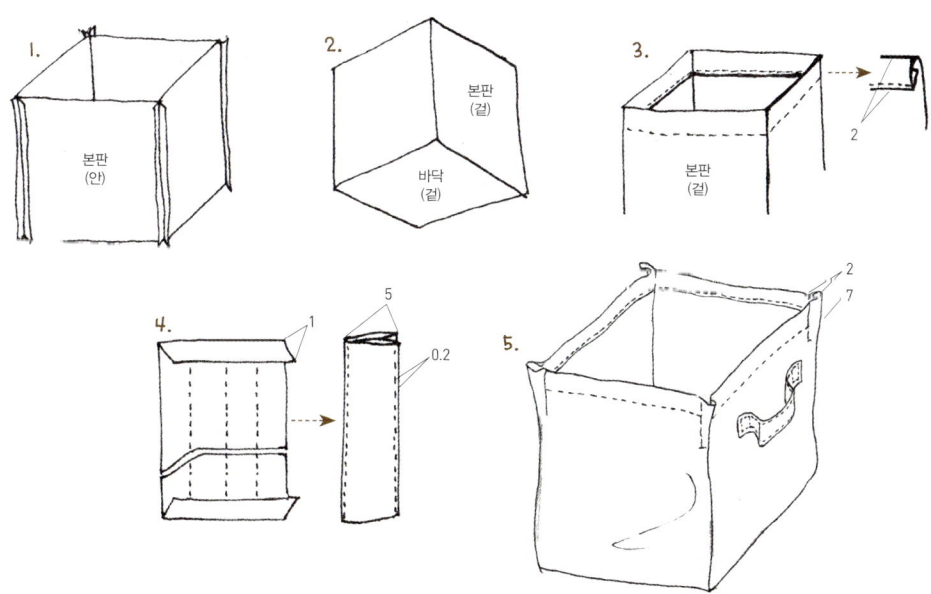

대마의 특징

대마는 삼이라고도 부르는데 삼베옷이나 삼베수의를 만들 때 씁니다. 질기고 튼튼해서 옷이나 소품보다는 실이나 로프, 굵은 밧줄이나 노끈을 만들 때 많이 사용합니다. 리넨을 만드는 아마보다 섬유 가닥의 길이는 길지만 신축성이 부족합니다. 주로 노랗거나 암갈색, 회색이라 밝게 표백하기 어려워 염색을 거의 하지 않습니다. 염색을 하지 않은 대마 생지는 자연스러운 맛이 있고 신축성이 거의 없어 내용물을 담아도 형태가 흐트러지지 않아 세탁 바구니로 적당합니다.

pot cover
화분 커버

책상 위에 오랫동안 방치됐던 화분이 있었는데
무늬가 지겨워서 버릴까 하다가 화분 커버를 만들어 보았습니다.
화분 커버는 어렵지 않아서 뚝딱뚝딱 금세 만들 수 있습니다.
네모난 책상 위에 동그란 화분을 다시 앉혀 둡니다.

크기 35×10
재료 와플면 39×16, 토숀레이스 테이프 25, 2cm 폭 벨크로 5
재단 본판 1장

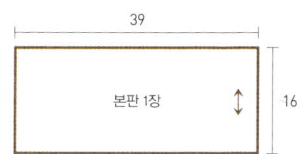
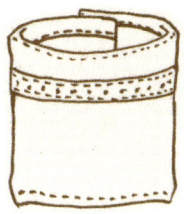

1 윗 쪽의 시접은 2cm 폭으로 두 번 접어서 박고 아래 쪽 시접은 1cm로 두 번 접어 말아박는다.
2 위에서 0.8cm 내려온 위치에 레이스를 대고 위아래 0.1cm 폭을 두고 박는다.
3 양옆의 시접은 1cm 폭으로 두 번 접어 말아박는다.
4 2cm 폭의 벨크로를 잘라 부드러운 부분은 겉면에서 거친 부분은 본판의 안쪽에서 0.1cm 폭으로 박는다.

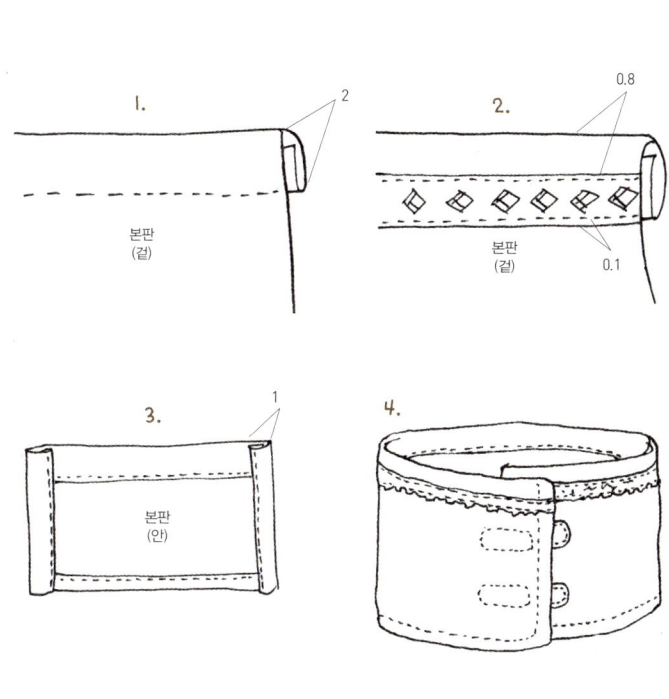

레이스 & 벨크로
레이스를 달 때는 레이스와 같은 컬러의 실로 박음질하는 것이 좋습니다.
토숀레이스처럼 표면의 결이 강한 것의 바느질은 같은 컬러로 보완하는 것이 낫습니다.
벨크로는 스냅단추처럼 작은 크기로 나와 접착해서 쓸 수 있는 것과 롤로 제작되어 끊어 쓸 수 있는 것이 있습니다.

roll square bag
사각 가방

어디에 들고 가도 무난한 기본 가방을 만들었습니다.
손잡이는 부속품으로 파는 것을 구입해서 달았습니다.
누구를 만나는지, 어디에 가는지, 얼마나 머물지
크게 신경 쓰고 싶지 않을 때 가장 먼저 생각나는 가방입니다.

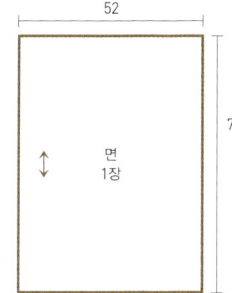

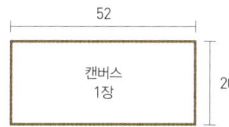

크기　48×38
재료　면 52×70, 캔버스 52×20, 가방손잡이 1세트,
　　　4cm 폭 바이어스 240
재단　면 1장, 캔버스 1장

1 캔버스와 면의 겉과 겉을 마주하고 1cm 시접으로 홈질한다.
2 홈질하지 않은 쪽의 캔버스와 면의 시접은 안쪽 방향으로
  4cm씩 두 번 접어서 말아박는다.
3 캔버스와 면이 만나는 부분의 시접처리는 바이어스로 감싼다.
  (바이어스 봉제법 17쪽 참고)
4 길게 펼쳐져 있는 가방을 반으로 접고 양옆선을 바이어스로 감싸고 뒤집는다.
5 가방 밑단 양끝 모서리를 7cm 폭으로 접어 겉면이 보이는 쪽에서
  0.2cm 폭으로 홈질해서 바닥 부분을 만들어 준다.
6 가방 손잡이는 겉면 위에 보이도록 올려놓고 단다.

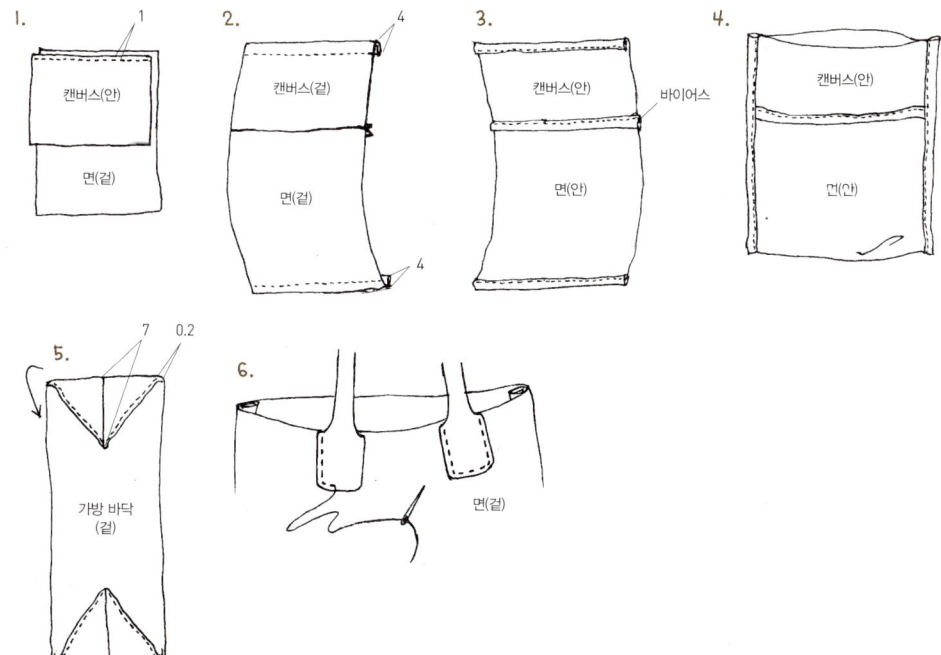

Trip
CHAPTER 03

여행

어딘가로 떠날 수 없을 때 여행자의 눈으로 일상을 대합니다. 익숙한 풍경들을 애써 낯설게 대합니다. 낯선 물건이 나에게 건네는 이야기가 있습니다. 어떤 소품은 함께 여행을 떠나고 싶은 기분이 들게 하기도 합니다.

새로운 소재를 만나는 순간에도 여행이 떠오릅니다. 천을 들고 핸드메이드의 세계로 떠나는 여행. 처음 가는 길을 많이 헤매지 않기 위해 지도를 보듯 소재에 어울리는 그림을 그리고 모양을 만듭니다. 완성된 모습으로의 도착을 상상합니다.

사선으로 매는 가방 • 필통 • 다용도 주머니 • 손수건 • 북커버 • 술 • 아이 모자

double cross bag | pencil case
사선으로 매는 가방 | 필통

사선으로 매는 가방

양면으로 뒤집어 맬 수 있어 하나로 두 가지 분위기를 낼 수 있는 가방입니다.
양면으로 뒤집을 때 색다른 느낌을 줄 수 있는 소재를 사용했습니다.

크기 37×43
재료 무늬가 다른 20수 워싱면 40×80 2장
재단 본판 4장(겉감 2장, 안감 2장), 바닥 2장(겉감 1장, 안감 1장), 끈 2장(겉감 1장, 안감 1장)

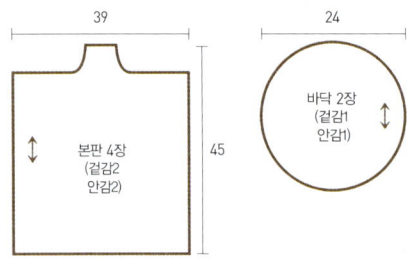

1. 겉감은 겉감끼리, 안감은 안감끼리 겉과 겉을 마주하고 양옆선과 바닥을 1cm 시접으로 박는다.
2. 뒤집은 안가방에 겉가방을 넣는다. 안감의 겉면과 겉감의 겉면을 마주보게 하고 끈이 만나는 부분을 창구멍으로 두고 1cm 시접으로 두 가방을 연결한다. 연결된 안가방과 겉가방이 틀어지지 않도록 바닥과 옆선의 시접을 한꺼번에(총4장의 시접이 겹쳐진 상태로) 몇 땀만 홈질로 고정한다.
3. 끈은 겉감의 겉면과 안감의 겉면을 마주 대고 1cm 시접으로 박고 뒤집는다. 뒤집을 때는 시접을 0.7cm만 남기고 잘라낸 후 뒤집는다. (천루프 만들기 17쪽 참조)
4. 가방 본판과 끈은 겉감이 보이는 상태로 두고 공그르기로 마무리한다.
5. 끈과 본판을 0.1cm 스티치로 눌러 박아가며 가방의 형태를 정리한다.

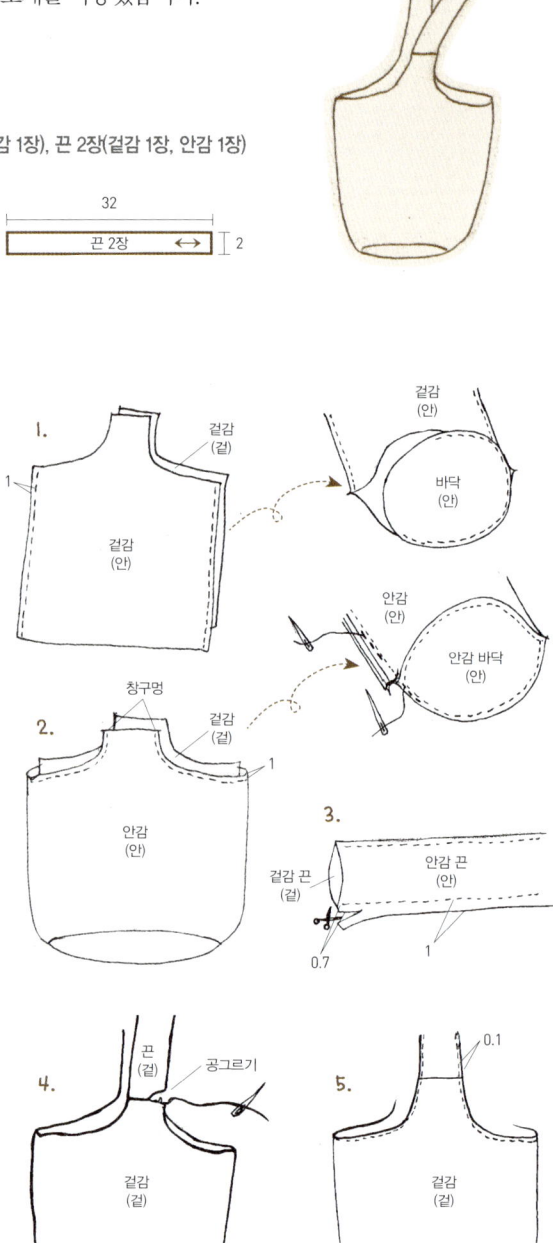

필통

자투리 캔버스 천으로 필통을 만들어 보세요.
한 땀 한 땀 스티치로 무늬를 그려 나가니 더욱 정이 갑니다.
직접 만든 필통은 선물하기 좋은 아이템이기도 합니다.
연필을 꺼내는 기분이 달라집니다.

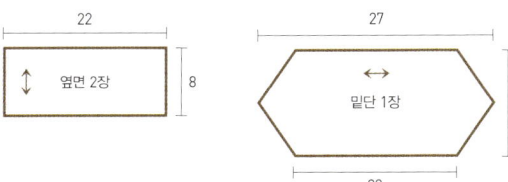

크기 20×6
재료 캔버스 27×24, 스티치실, 지퍼
재단 옆면 2장, 밑단 1장

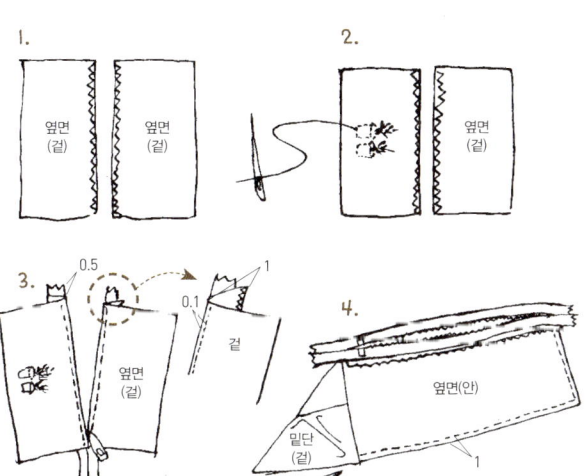

1. 옆면 두 장은 서로 만나는 쪽의 시접을 오버로크하거나 지그재그 스티치한다.
2. 한 장의 옆면에만 박음질로 무늬를 넣어 장식한다.
3. 오버로크한 쪽의 시접을 안쪽으로 1cm 만큼 접고 지퍼를 단다. 지퍼는 0.5cm 정도 여유를 두고 0.1cm 폭으로 박는다.
4. 밑단 겉면과 옆면의 겉을 마주보게 하고 1cm 폭의 시접으로 지퍼 여밈 부분만 빼고 모두 박음질해서 산가지동 형태를 만든다.
5. 지퍼의 남는 부분을 잘라내고 안쪽 시집을 바이어스로 감싼 후 뒤집어서 완성한다.

지퍼 다는 요령

이 필통을 만들 때 저는 20cm 양면 지퍼를 사용했습니다.
지퍼를 다는 요령은 다음과 같습니다.
1. 지퍼가 달릴 부분에서 1cm 밑으로 내려온 곳에 지퍼의 쇠 부분을 위치시킵니다.
2. 지퍼가 달릴 부분을 큰 땀으로 시침해 놓습니다.
3. 지퍼와 천을 함께 놓고 박습니다.

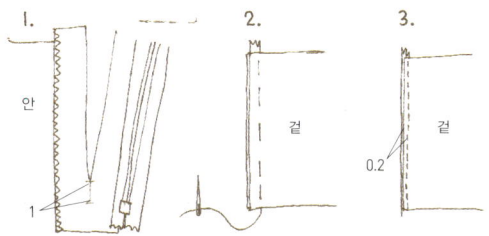

pouch
다용도 주머니

다용도 주머니는 만들어 두면 쓸 데가 많습니다.
가방 안에 있는 소지품들을 각 용도에 맞게 구분해서 정리할 수 있습니다.
다양한 소지품이 이리저리 굴러다니지 않아 관리하기 좋습니다.

크기 16×21
재료 리넨 38×42
재단 본판 1장, 끈 1장

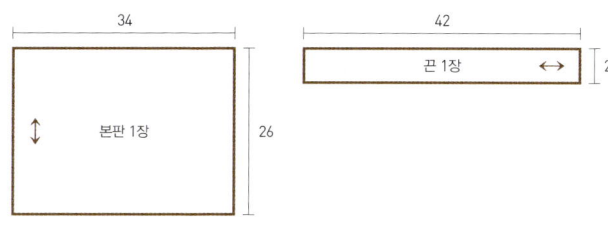

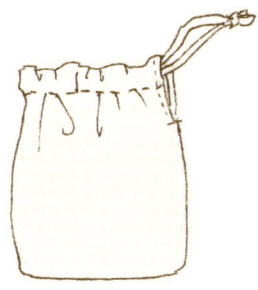

1. 재단한 본판에서 입구 부분을 제외한 세 곳을 오버로크 또는 지그재그 스티치한다.
2. 본판의 안쪽 면이 보이게 반으로 접은 후 입구 쪽에서 7cm 내려온 곳에서부터 1cm 시접으로 박고 시작 부분만 한 번 더 가로로 박아 튼튼하게 고정시킨다.
3. 남겨 두었던 입구 부분 7cm의 시접은 2cm 폭으로 두 번 접고 0.1cm 폭을 두고 박아 끈이 들어갈 구멍을 만든다.
4. 끈은 가운데를 중심으로 양쪽에서 0.5cm씩 두 번 접은 후 0.1cm 폭을 두고 박는다.
5. 3의 구멍에 끈을 넣은 후 매듭을 지어 끈이 빠지지 않도록 한다.

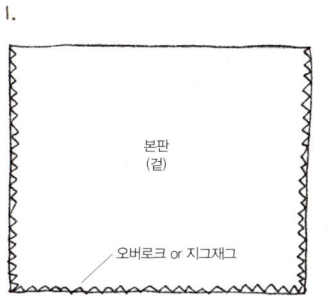
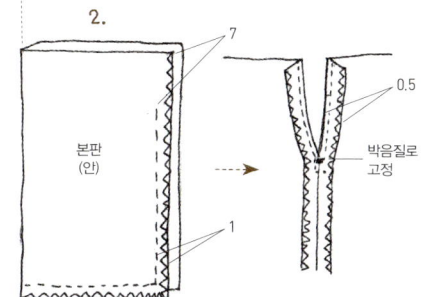
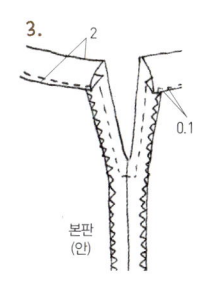

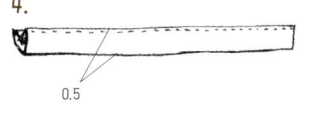

오버로크 & 지그재그 스티치하는 방법
오버로크를 사용하면 쉽고 간단하게 올이 풀리지 않게 할 수 있습니다. 가정용 재봉틀을 사용할 때에는 '지그재그 스티치'를 이용합니다. 지그재그 스티치 기능을 사용할 때에는 시접에서 0.3~0.5cm쯤 들어간 위치에 박으면 됩니다. 손바느질로 올 풀림을 막으려면 버튼홀 스티치를 해 주면 됩니다.

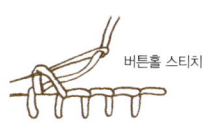

끈 쉽게 넣는 법
끈을 구멍에 넣을 때 안전핀을 사용하면 쉽게 넣을 수 있습니다. 구멍을 통과할 만한 크기의 안전핀을 끈에 꽂아 안전핀부터 구멍에 넣고 손으로 안전핀을 밀어가며 바깥으로 끈이 나올 때까지 구멍을 통과시키면 됩니다.

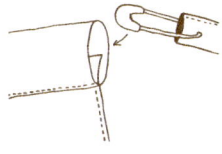

handkerchief | book cover
손수건 | 북커버

손수건

마음에 드는 소재의 가장자리를 둘러가며 레이스를 달거나
이니셜을 새겨 세상에 하나뿐인 손수건을 만들어 보세요.
간단하게 만들 수 있으면서 사용하기에 편리한 실용적인 아이템입니다.

크기 35×35
재료 60수 아사 면 37×37
재단 본판 1장

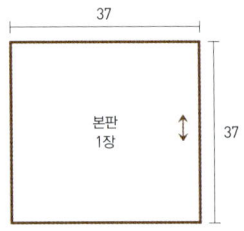

1 정사각형으로 재단한 본판 4면의 꼭지점 모두 0.5cm 들어간 자리를 가위로 잘라낸다.
2 본판의 방향을 돌려가며 0.5cm 폭으로 두 번 접어 다린 후
   0.1cm 폭을 두고 일정한 간격으로 홈질한다.

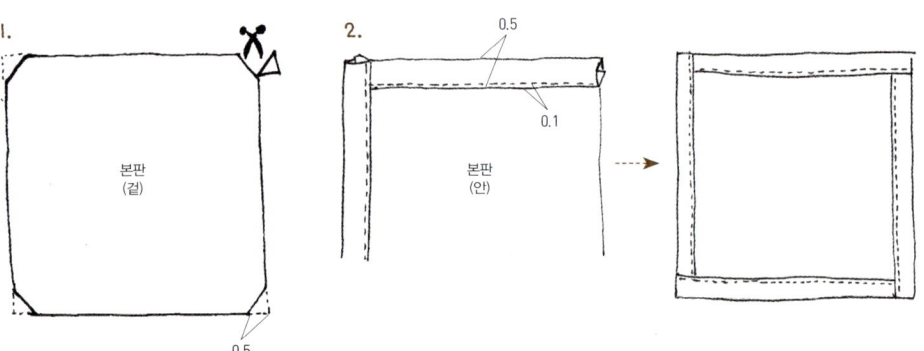

손수건에 좋은 천
손수건으로 사용하기 좋은 천은 원단시장에서 아사 면이라고 부르는 얇고 부드러운 소재나
20수 이상의 면, 타올지로 나와 있는 것, 테리면 등을 사용하면 좋습니다.

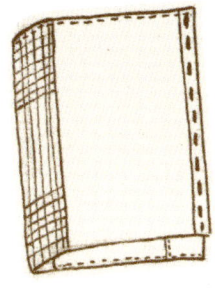

북커버

책이 구겨지는 것이 싫을 때, 어떤 책을 보고 있는지 옆 사람에게 보이고 싶지 않을 때 간단하게 만드는 북커버는 정말 요긴합니다.

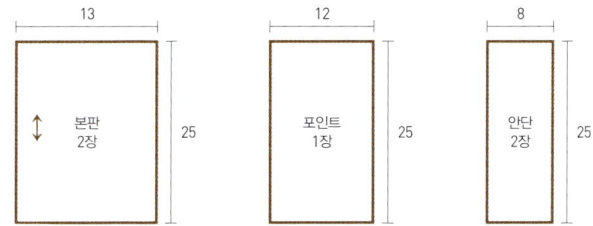

크기 16×23
재료 리넨 54×25
재단 본판 2장, 포인트 1장, 안단 2장

1 안단 두 장은 각각 한쪽 시접만 0.5cm 폭으로 두 번 접어 말아박는다.
2 본판과 포인트, 말아박지 않은 안단의 시접은 오버로크하거나 지그재그 스티치로 정리해서 안단, 본판, 포인트, 본판, 안단 순서로 연결하며 1cm 시접으로 박는다.
3 다섯 장을 연결한 판의 위아래를 안쪽으로 1cm 접고 안단을 안쪽으로 접은 후 0.1cm로 박음질해서 완성한다.

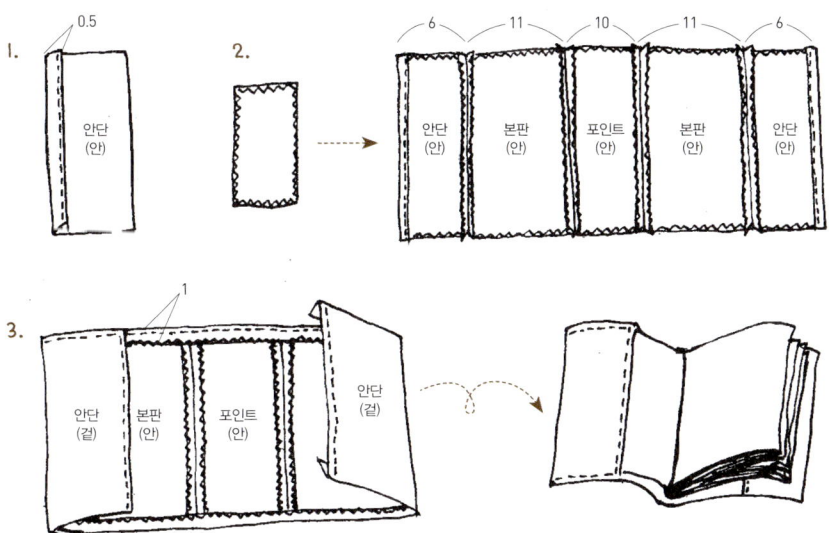

책 크기에 맞는 북커버 만들기

저는 15.5×22.5 사이즈의 소설책에 맞는 커버를 만들었습니다. 커버를 씌울 책에 원하는 천을 덮어서 사이즈를 재고 시접 분량과 안단을 포함해 잘라냅니다. 커버의 안쪽을 위로 보이게 펼쳐놓고 본판이나 안단의 사이즈에 맞게 정리하고 시접분을 넣어 재단합니다.

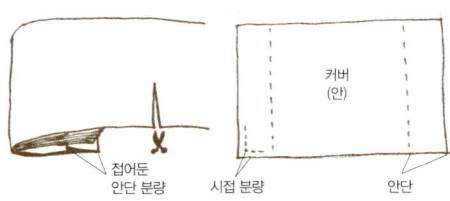

숄

원단을 적당하게 재단하고 실을 풀어주면 간단히 숄을 만들 수 있습니다.
직접 바느질하고 제작하는 것이 부담스러울 때 하는 방법으로
복잡하게 자르고 꿰매지 않더라도 예쁜 숄이 만들어집니다.

크기 70×70
재료 올을 풀 수 있는 성긴 면 90×90
재단 본판 1장

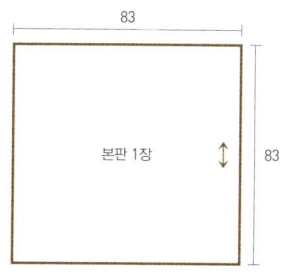

1 정사각형으로 재단한 본판의 4면을 끝에서 본판 쪽으로 10cm 올라가며 가로 세로의 올을 풀어준다.
2 풀어놓은 올을 천의 씨실과 날실이 교차하는 덩어리끼리 구분하고 각각의 덩어리는 꽈배기를 꼬듯
   가닥을 2등분해서 꼬아 주는데 본판 쪽 시작하는 부분은 단단하게 당기는 느낌으로 시작한다.
3 꽈배기가 끝나기 전 매듭을 지어 꽈배기 모양이 풀리지 않게 한다.
4 정사각형으로 펼쳐놓고 매듭지은 꽈배기의 길이를 다듬는다.

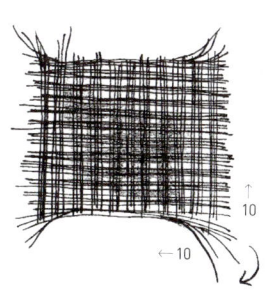
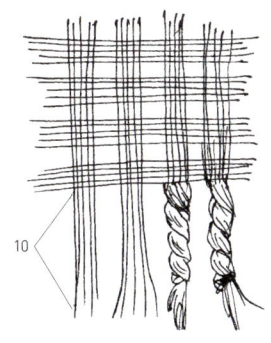
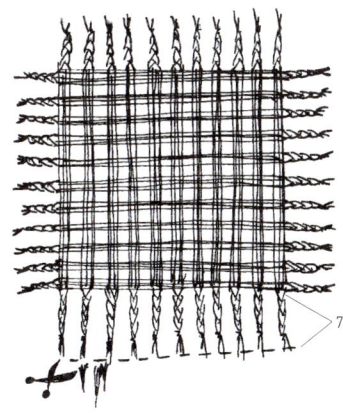

성글게 짜인 면
올을 푸는 것만으로 간단하게 만들 수 있는 숄은 실을 풀어내는 것이 가능하도록 짜임이 성글게 된 것으로 해야 됩니다. 조직해 놓은 결이 다 보여야 풀어서 매듭을 지을 수 있어요. 제가 사용한 천은 구입할 때 '면그물'이라고 부르던 면 100% 소재입니다.

hat
아이모자

여러 가지 소품 만드는 일이 손에 익으면
아이 모자도 직접 만들 수 있습니다.
아이가 좋아하는 색과 무늬의 천으로 만들어도 좋고
양면으로 만들어도 좋습니다.

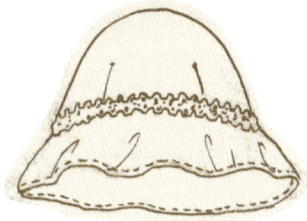

아이 모자

크기 둘레 54

재료 면 56×56, 리넨 56×56, 레이스 56

재단 본판 2장(겉감·안감 각 1장), 모자의 챙 4장(겉감·안감 각 2장)

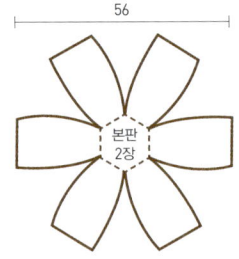
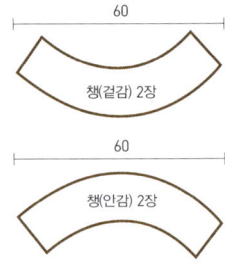

머리 크기에 맞는 모자 만들기

머리의 가장 튀어나온 둘레와 정수리부터 원하는 길이를 잰 다음 모자의 패턴을 만듭니다. 천의 안쪽에 중심점으로 맞추고 모자의 패턴을 돌려가며 꽃 모양이 되게 그리고 시접을 그린 후에 재단합니다.

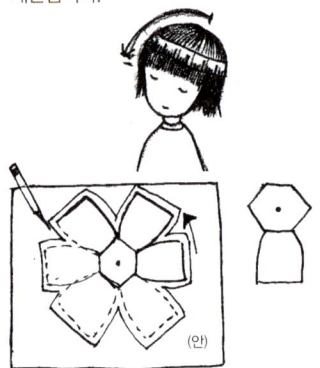

1 겉감의 안쪽에서 벌어진 부분의 겉과 겉을 마주하고 1cm 시접의 폭으로 박아 모자의 형태를 잡는다.
2 여섯 개의 선을 모두 연결하면 모자의 입체적인 형태가 나온다. 안감도 같은 방법으로 만들어 둔다.
  여섯 개의 시접은 양쪽으로 갈라 정리한다.
3 겉감의 앞챙과 뒤챙은 겉과 겉을 마주하고 1cm 폭의 시접으로 박은 후 가름솔로 정리한다. 안감의 챙도 같은 방법으로 만든다.
4 챙 안감과 겉감을 겉과 겉이 마주 보게 하고 1cm 폭을 두고 박은 후 뒤집어 챙의 끝 부분에 0.5cm 폭의 스티치를 한다.
5 본판 겉감에 안감을 안쪽끼리 마주 보게 넣는다.
6 본판 겉감 시접과 안감 시접을 마주 보게 겹쳐놓고 두 번 떠서 모자의 겉감과 안감이 따로 움직이지 않게 고정한다.
7 본판 겉감 겉과 챙 겉감 겉을 마주 하고 창구멍을 두고 1cm 시접으로 박아 뒤집는다.
8 창구멍은 공그르기로 막는다.
9 겉감에 레이스를 달아 장식한다.

여러 가지 모양의 모자 만들기

모자의 디자인에 따라 패턴의 모양을 바꿔서 만들면 모자의 모양이 달라집니다.
야구모자처럼 모자 끝까지 박음선이 있는 것을 만들 때는 중심 끝까지 박을 수 있게 패턴을 그려 사용합니다.

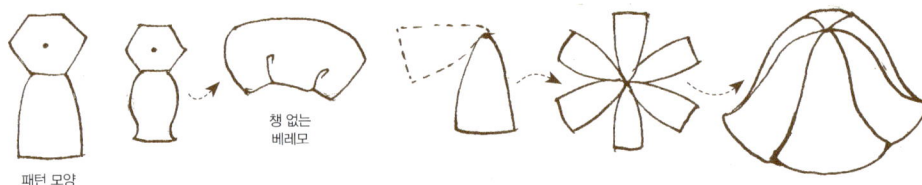

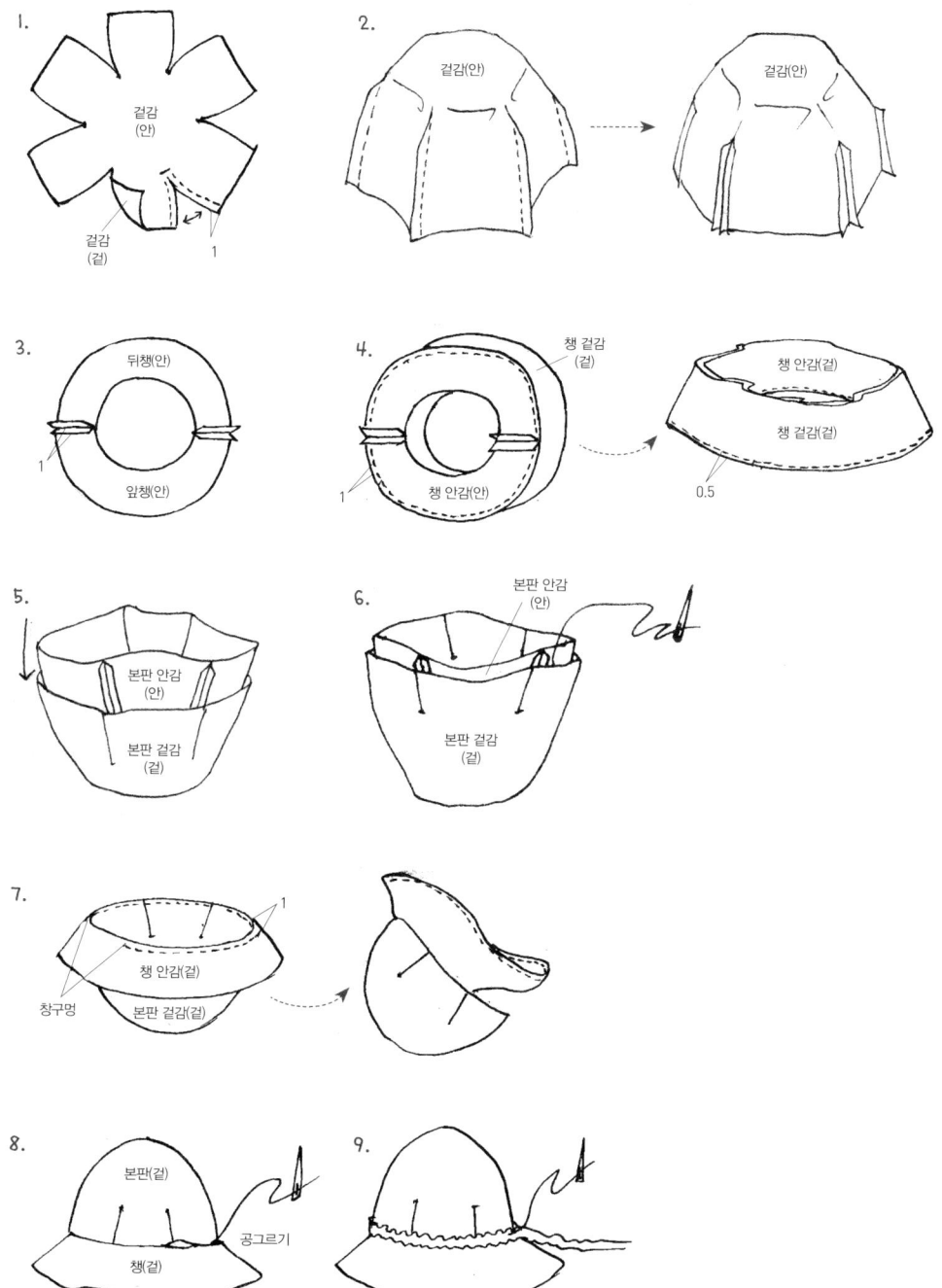

Harmony

CHAPTER 04

조화

재봉틀 소리는 라디오와 잘 어울립니다. 일정한 간격의 재봉틀 소리가 내는 리듬과 라디오에서 흘러 나오는 멜로디가 하모니를 이뤄 하나의 음악처럼 들렸습니다.

어린 시절의 기억 때문인지 재봉틀을 사용하며 자주 음악을 틀어 둡니다. 좋아하는 음악을 들으며 그저 천이었던 것이 내가 좋아하는 옷으로, 물건으로 바뀌는 시간이 즐겁습니다.

음악이 끊기면 잠시 하던 일을 멈춥니다. 새로운 음악이 시작되고, 다시 재봉틀이 움직입니다.

테이블러너 · 커튼 · 아플리케 가방 · 클로버 앞치마 · 캔버스 앞치마

table runner | curtain
테이블러너 커튼

테이블러너

반복되는 일상 속에서 가끔은 변화를 주고 싶을 때가 있습니다. 특별한 식탁을 준비하고 싶을 때 쓸 테이블러너를 만들었습니다. 아이보리 캔버스 천으로 만든 러너는 초록색 음식 아래 두었을 때 더 예쁘고 편안합니다.

크기 36×150
재료 캔버스 40×154, 레이스 100, 단추 6개
재단 본판 1장

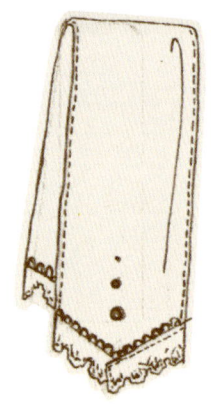

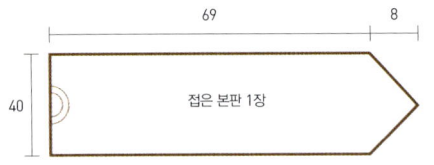

1. 양옆의 시접을 1cm 폭으로 두 번 접어 박는다.
2. 삼각이 되는 부분도 같은 방법으로 1cm씩 두 번 접어 박는다.
3. 본판 겉의 삼각 부분에 레이스를 얹고 홈질한다.
4. 레이스의 삼각 부분에서 본판 쪽으로 10cm 올라간 위치에 크기가 큰 단추부터 2cm 간격을 두고 단다.

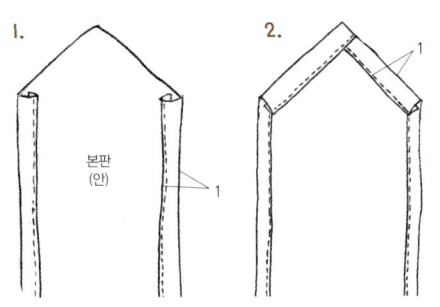
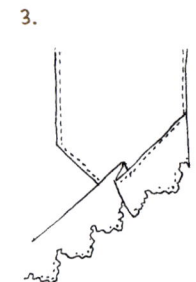
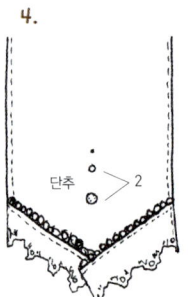

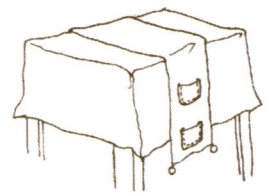

테이블러너 만들기
러너는 테이블에서 잘 미끄러지지 않을 정도의 두께라면 캔버스가 아니더라도 세탁이 쉬운 면이나 마를 사용해도 좋습니다. 장식용으로 레이스나 단추를 사용하거나 러너 양옆으로 그림처럼 작은 포켓을 만들어 발랄한 분위기를 연출해 보세요.
테이블보 아래까지 내려오는 길이로 만들어 테이블보 위에 걸쳐도 개성만점입니다.
테이블 위에 만들어 볼 천을 펼쳐놓고 완성 모양을 어림잡아 보며 재단하는 것이 바람직합니다.

커튼

소품을 만든 후 남겨진 조각 천을 활용해서 커튼을 만들었습니다.
천의 두께에 따라서 햇살도 깊이가 달라집니다.
커튼을 통과하는 햇빛이 재미있는 노래를 하는 듯한 기분이 듭니다.

크기 150×150
재료 워싱광목 29×164, 자수면 29×164, 거즈 29×164, 레이스 29×164
재단 가로와 세로를 잰 후 폭을 나누고 그 폭에 맞게 다양한 사이즈로 재단

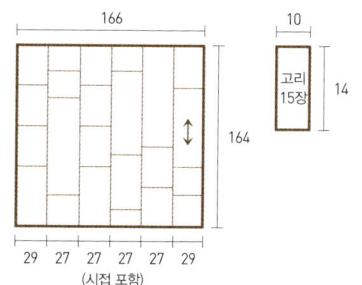

1 얇은 세로 조각부터 시접을 0.5cm 폭의 통솔로 연결한다.
  시접은 일정한 방향으로 넘긴다(통솔 처리법 18쪽 참조).
2 세로 조각 모음 여섯 장을 0.5cm 폭의 통솔로 연결하여
  커튼 본판을 완성한다.
3 봉에 걸 고리용 천은 가운데를 중심으로 양쪽에서 두 번 접어
  0.1cm 폭을 두고 홈질한다.
4 커튼 본판의 양옆과 아래의 시접을 1cm 폭으로 두 번 접어 박는다.
5 커튼 본판 위의 시접을 1cm 폭으로 두 번 접고 고리를 반으로 접어
  본판 아래에 놓고 함께 박는다.
  고리의 간격은 15cm로 한다.

여러 가지 천으로 커튼을 만들 때
여러 가지 천의 자투리를 모아 만드는 커튼은 자칫 지저분해보이기
쉬워 같은 톤의 다양한 질감을 가진 것을 사용하는 것이 낫습니다.
캔버스처럼 무거운 천보다는 면 20수 정도의 가벼운 천을 사용하
는 것이 조각난 천들을 이을 때 무리가 없습니다.

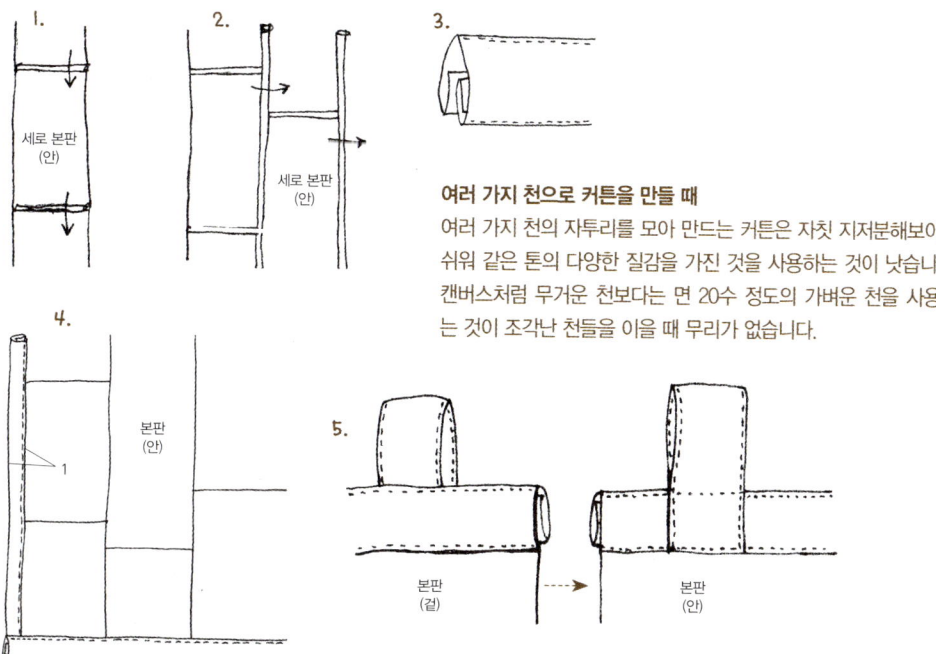

appliqué eco bag
아플리케 가방

장을 보면 필요 이상으로 많은 비닐봉지를 받아오게 됩니다.
장바구니를 들고 다니는 작은 실천이라도 조금씩 해야겠다는 생각이 들어서
쓰고 남은 천으로 에코백을 만들었습니다.

아플리케 가방

크기 33×40
재료 광목 35×88, 아플리케용 작은 천조각 6×7 5개, 4cm 폭 바이어스 220
재단 본판 1장, 끈 2장

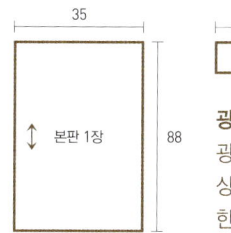
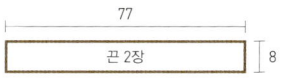

광목에 대해
광목으로 만든 가방입니다. 광목은 무명실로 만든 면 100% 소재입니다. 가공을 최소화한 생지의 상태이며 의류의 가봉용으로 많이 쓰입니다. 밋밋하고 단순해 보이지만 은근한 멋이 있어 내추럴한 분위기의 소품에 잘 어울리고 가격도 저렴합니다. 얇은 거즈부터 소파를 커버링할 수 있는 자가드까지 다양한 두께와 무늬의 광목이 있습니다.

1. 길게 한 판으로 재단한 가방 본판의 위아래 시접을 1cm 접고 3cm 폭으로 한 번 더 접어 말아박는다.
2. 꽃잎 모양으로 조각낸 아플리케용 천은 버튼홀 스티치로 가방 본판에 단다.
3. 가방끈은 반으로 접어 양끝 시접 1cm을 안으로 넣고 3cm 폭의 끈이 되게 한 후 양쪽으로 0.1cm로 박는다.
4. 본판 안쪽으로 가방 끈을 단다. 가방을 3등분 한 곳 사이에 끈의 자리를 잡아 4면을 둘러가며 박는다.
5. 가방 안쪽의 양옆선을 바이어스로 감싼다.
6. 가방 뒤 적당한 곳에 장식 라벨을 0.2cm 폭으로 홈질해 단다.

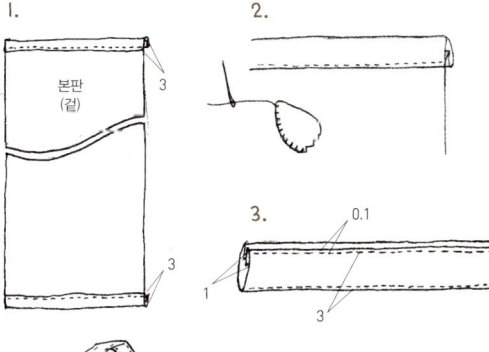

아플리케용 천조각 & 라벨
아플리케용 작은 천 조각은 러그를 만들 때 사용하고 남았던 울이 조각들을 버리지 않고 두었다가 오려내어 만들었습니다. 헌 옷이나 색깔 있는 소품을 만들고 남은 천으로 만들어도 좋습니다. 라벨은 롤로 제작되어 나온 것인데 1마 기준으로 구입할 수 있습니다. 가위로 잘라 쓸 수 있어 편리합니다.

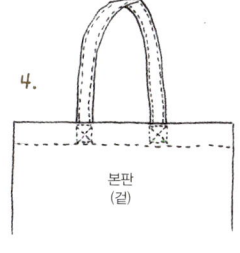
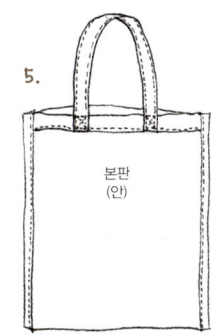

clover pattern apron
클로버 앞치마

앞치마는 모양이 조금만 달라도 새로운 기분이 듭니다.
뒤집어쓰고 옆선에서 살짝 매듭짓는
클로버 프린트 앞치마는 그래서 신선합니다.

클로버 앞치마

크기 48×74

재료 프린트 리넨 50×75, 주머니용 무지 리넨 22×19, 4cm 폭 바이어스 250

재단 본판 2장(앞판·뒤판 각 1장), 끈 4장, 주머니 1장

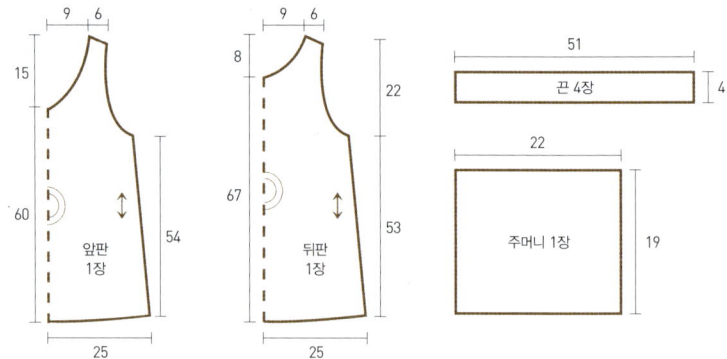

1. 주머니 입구의 시접은 1cm 폭으로 두 번 접어 말아박기하고 나머지 3면은 안쪽으로 1cm씩 접어 다린다.
2. 앞판 겉에 1의 주머니를 올려놓고 입구를 제외한 3면을 0.1cm 폭을 두고 박는다.
3. 앞판과 뒤판의 안쪽을 마주 보고 어깨선을 0.5cm 폭으로 박은 후 뒤집어 겉과 겉이 마주보는 상태에서 다시 어깨선을 0.5cm 폭으로 박는다.
4. 허리끈은 가운데를 중심으로 양쪽에서 두 번 접은 후 0.1cm 폭을 두고 박는다.
5. 본판의 목선 → 소매진동 → 옆선 순서로 바이어스한다.
   옆선을 바이어스할 때 허리선에 허리끈을 끼워 함께 박는다.
   (바이어스 봉제법 17쪽 참조)
6. 밑단도 바이어스로 마무리해서 완성한다.

앞치마 재단 방법
옆선을 박지 않은 원피스라고 생각하고 원피스의 치수를 잴 때보다는 조금 간단하게 어깨폭과 가슴 둘레, 엉덩이 둘레를 재서 재단합니다. 제가 만든 앞치마는 55사이즈로 제작했습니다.

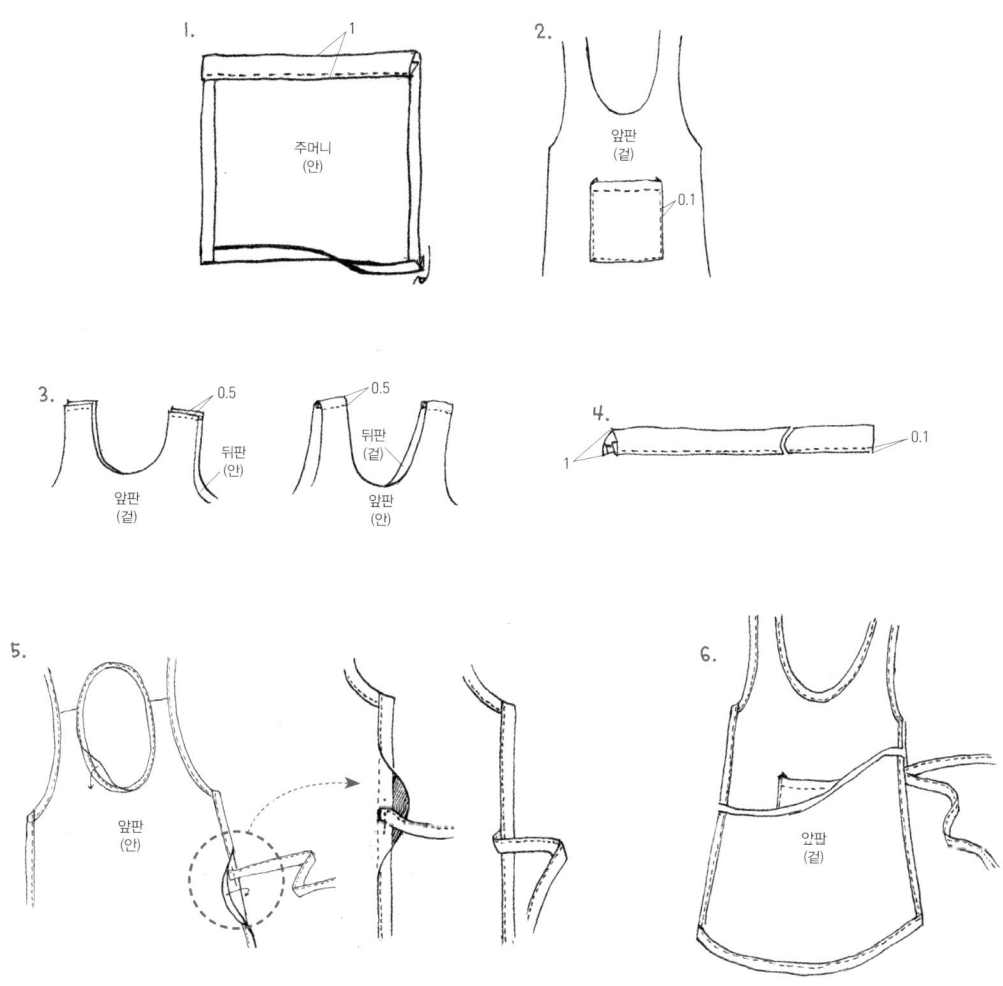

바이어스에 대해

천을 식서 방향에서 45도 방향으로 잘라낸 천을 바이어스라고 부릅니다. 옷이나 소품을 제작할 때 많이 쓰이는 시접 처리 방법 가운데 하나입니다. 무늬가 있는 천으로 작업할 때는 같은 무늬로 시접을 정리할 수 있게 식서 방향의 사선을 잘라서 사용합니다. '바이어스 테이프'라고 시중에 재단되어 판매하고 있는 바이어스는 4cm 폭으로 만들어져 있습니다. 단색부터 체크, 꽃무늬 등 면 외에도 니트 바이어스, 골덴, 리넨, 거즈 등 소품 작업에 포인트로 쓸 만한 예쁘고 다양한 제품이 많이 나와 있습니다. 이 책에서는 쓰지 않았지만 '바이어스 메이커'라는 기구도 있습니다. 접어서 다리지 않아도 쉽게 봉제할 수 있게 해 주는 도구입니다.

work apron
캔버스 앞치마

바느질을 할 때나 일을 할 때
작업용으로 쓰기 편안하고 실용적인 앞치마입니다.
벨크로를 사용해 간단히 붙였다 떼었다 할 수 있습니다.
다리를 다 덮는 길이라서 바느질할 때
옷에 실밥이 붙지 않게 할 수 있습니다.

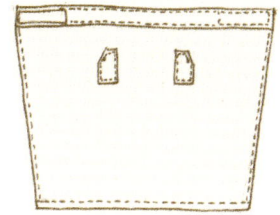

크기 86×75
재료 20수 캔버스 90×83, 주머니용 광목 17×24, 2cm 폭 벨크로 10, 나무단추 2개
재단 본판 1장, 주머니 2장

1 뒤집어진 사다리꼴로 재단한 본판의 양옆 시접은 1cm 폭으로, 위아래는 2cm 폭으로 두 번 접어 박는다.
2 주머니는 입구 부분을 제외한 나머지 3면을 1cm 폭으로 접어 다린 다음 입구 부분을 1cm 폭으로 두 번 접어 말아박는다.
3 본판 겉면에 주머니를 놓고 입구 부분을 제외한 4면을 0.1cm 폭을 두고 박는다.
4 겹치는 폭에 맞게 벨크로를 맞춰 자르고 꺼끌꺼끌한 부분은 본판 안쪽에,
  부드러운 부분은 본판 겉에 올려놓고 0.1cm 폭으로 박는다.
5 앞치마가 완성되면 주머니에 포인트가 될 단추를 단다.

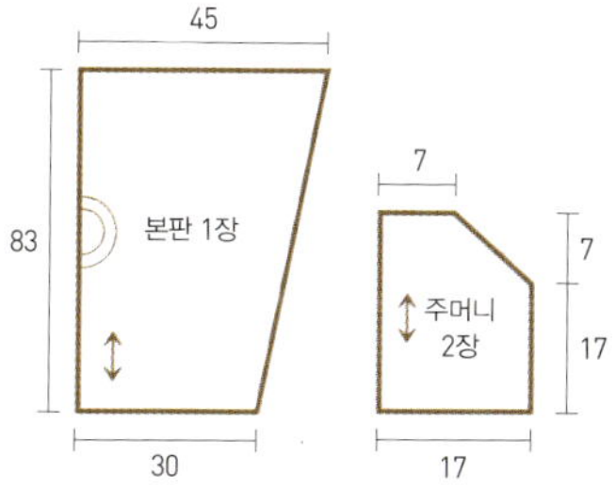

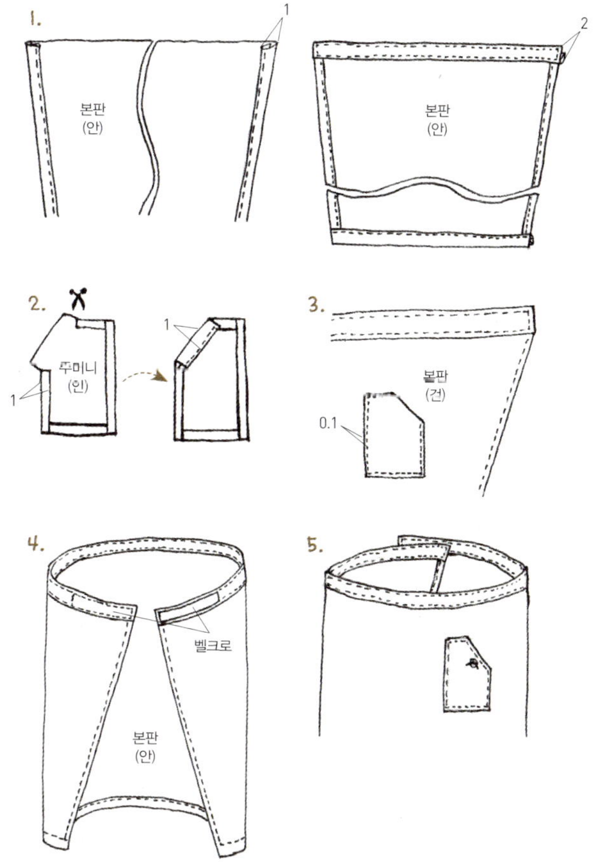

벨크로

벨크로는 떼었다 붙였다 해서 지퍼나 단추를 대신할 수 있는 편리한 부자재입니다. 재봉용과 스티커 타입 두 가지가 있습니다. 스티커 타입은 접착력이 강하지 않으니 패브릭 소품을 만들 때에는 재봉용을 쓰세요.

Season
CHAPTER 05

계절

겨울에는 날씨를 핑계로 집 안에서 몇 시간씩 바느질하며 보냅니다.
가볍고 포근한 담요와 머플러, 신은 듯 안신은 듯한 따뜻한 실내화,
솜씨가 없더라도 직접 만든 것을 선물하며 겨울을 보내고 봄을 기다립니다.

러그 · 무릎담요 · 원피스 · 스커트 · 머플러 · 블라우스 · 아이 원피스 · 실내화

rug | blanket
러그 | 무릎담요

러그

겨울에는 방석 대신 러그를 깔아보세요.
러그를 겨우내 깔아두면 따뜻하고 포근합니다.
미끄럼을 방지하는 천을 바닥에 대면
이쪽저쪽으로 밀리지 않아 더 깔끔하게 쓸 수 있습니다.

크기 지름 77
재료 멜턴 울 77×77, 미끄럼 방지천 77×77, 8cm 폭 바이어스 310
재단 본판 1장, 미끄럼 방지천 1장

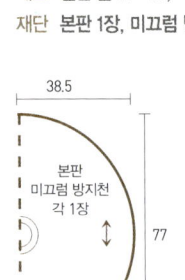

1. 둥글게 재단한 본판과 미끄럼 방지천의 안쪽 면을 마주보게 하고
   중간 부분에 두 소재가 밀리지 않게 시침한 뒤 1cm 시접으로 원을 따라 박는다.
2. 시접을 마감할 바이어스는 가운데를 중심으로 양쪽에서 2cm 폭으로 두 번 접어 다린다.
3. 미끄럼 방지천 쪽에 바이어스의 겉면을 대고 2cm 폭을 두고 박은 후
   바이어스를 본판 겉으로 넘겨 2cm 폭의 라인이 되게 한다.

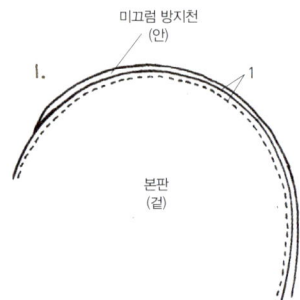
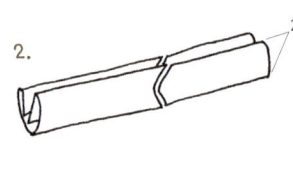
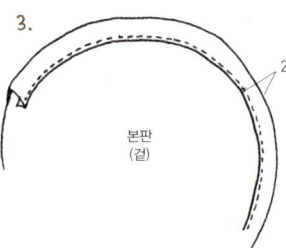

러그와 울 & 미끄럼 방지천
기모가공을 하여 울의 표면이 부드러운 것이 러그로 만들기에 적당합니다. 미끄럼 방지천은 면 혼방으로 조직한 표면에 우레탄 도트가 붙어 있어 바닥에서 미끄러짐을 보완합니다. 미끄럼 방지천은 광목을 판매하는 곳에 가면 쉽게 구할 수 있습니다.

무릎담요

무릎담요는 울을 사용해서 만들어 보세요.
두 장을 겹쳐 만들지 않고 한 장 만으로도 충분합니다.
울은 정전기가 일어나는 폴라폴리스에 비해
훨씬 편안한 느낌을 줍니다.

크기 92×78
재료 기모 울 92×78, 스티치 봉제사 400
재단 본판 1장

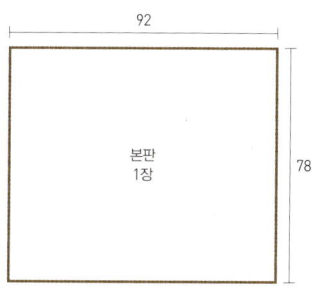

1 재단한 본판의 네 쪽 모서리를 둥글게 오린다.
2 천의 라인을 따라 버튼홀 스티치로 장식한다.

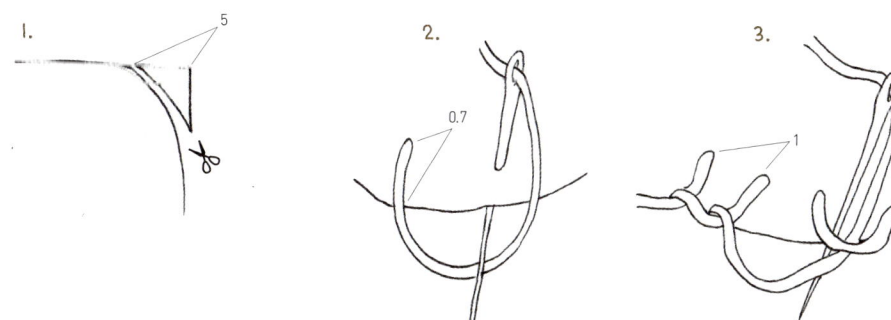

모의 특징 & 스티치용 실

모(wool)는 양의 털에서 얻은 실로 만들어 주름이 잘 펴지고 보온성이 뛰어난 반면 벌레나 곰팡이에 약한 편입니다. 이 무릎담요에 쓰인 모는 기모 가공을 하고 펠트처럼 압축해서 만든 것이라서 모서리를 정리한 것만으로도 올이 풀리지 않습니다. 이중으로 덧대지 않아 실로 가장자리를 마감하지 않아도 됩니다.
두께가 있는 모직에 실로 장식하거나 본판을 두 장으로 겹쳐 만들 때는 실도 두께가 있는 것이 어울립니다. 한 가닥의 털실로 마감하거나 스티치용 봉제사, 십자수용으로 나와 실의 가닥을 골라 쓸 수 있는 실켓사 등을 이용하면 좋습니다.

dress | skirt
원피스 | 스커트

원피스

소매가 없으면서 깊게 파여 다른 옷들과 겹쳐 입기에 적당한 원피스를 만들었습니다.
넉넉하고 여유 있는 치마 단으로 활동하기에 불편이 없도록 했습니다.
자연스러우면서도 편안하게 입을 수 있습니다.

크기 34×88
재료 구멍이 뚫린 무늬 면 72×182, 4cm 폭 바이어스 210
재단 몸판 2장(앞판 1장, 뒤판 1장), 앞덧단 1장

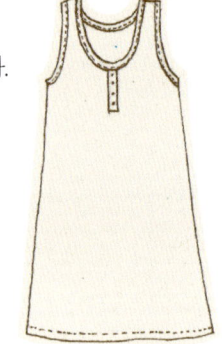

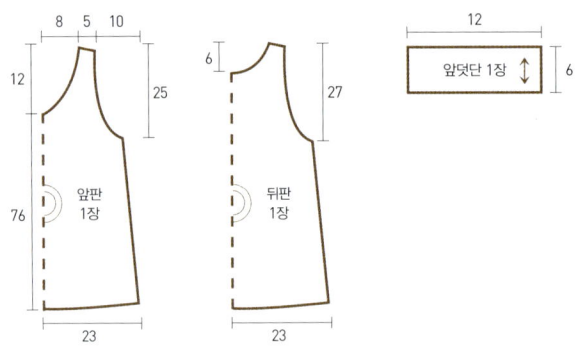

1 앞판과 뒤판의 안쪽을 마주하고 어깨를 0.5cm 시접으로 박고 뒤집는다.
2 앞판과 뒤판의 겉끼리 마주하고 0.5cm 폭을 두고 어깨선을 박아 통솔을 완성한다.
3 앞판과 뒤판의 양옆선을 어깨와 같은 방법으로 0.5cm 폭의 통솔로 시접을 정리한다.
4 앞덧단은 가운데를 중심으로 양쪽에서 1.5cm씩 안으로 접은 후 위아래를 각각 안쪽으로 1cm씩 접어 다린다.
5 앞판의 중심선에 앞덧단을 올려놓고 4면을 둘러가며 0.1cm 폭을 두고 홈질한다.
6 바이어스의 겉면을 목선의 안쪽에 대고 1cm 시접으로 박은 후 바이어스를 몸판 겉쪽으로 넘겨 두 번 접고 0.1cm로 박는다.
7 소매 진동 부분도 목선과 같은 방법으로 바이어스한다.
8 원피스 밑단은 1cm 폭으로 두 번 안으로 접어 말아박는다.
9 앞덧단에 3cm 간격으로 지름 13mm 단추 4개를 달아서 완성한다.

원피스 재단 요령

제가 만든 원피스의 크기는 55사이즈 정도 됩니다. 책에 나와 있는 치수보다는 필요한 치수에 맞게 만드세요. 몇 가지 간단하게 치수 재는 법을 알려드리겠습니다.
앞판의 둥근 부분은 목선에서 얼만큼 파이는 디자인으로 할지 결정하고 치수를 잽니다. 왼쪽 어깨점에서 뒷목뼈를 지나 오른쪽 어깨점까지가 어깨 너비입니다.
뒷목이 얼마나 파일지, 어깨 끈 폭이 둔해 보이지는 않을지 고려하여 치수를 정합니다. 어깨의 파임과 목선이 파이는 모양에 따라 라운드의 형태가 달라집니다.

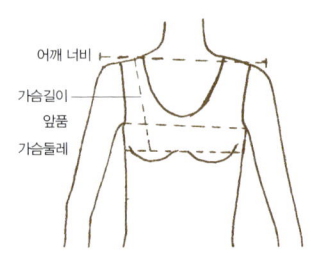

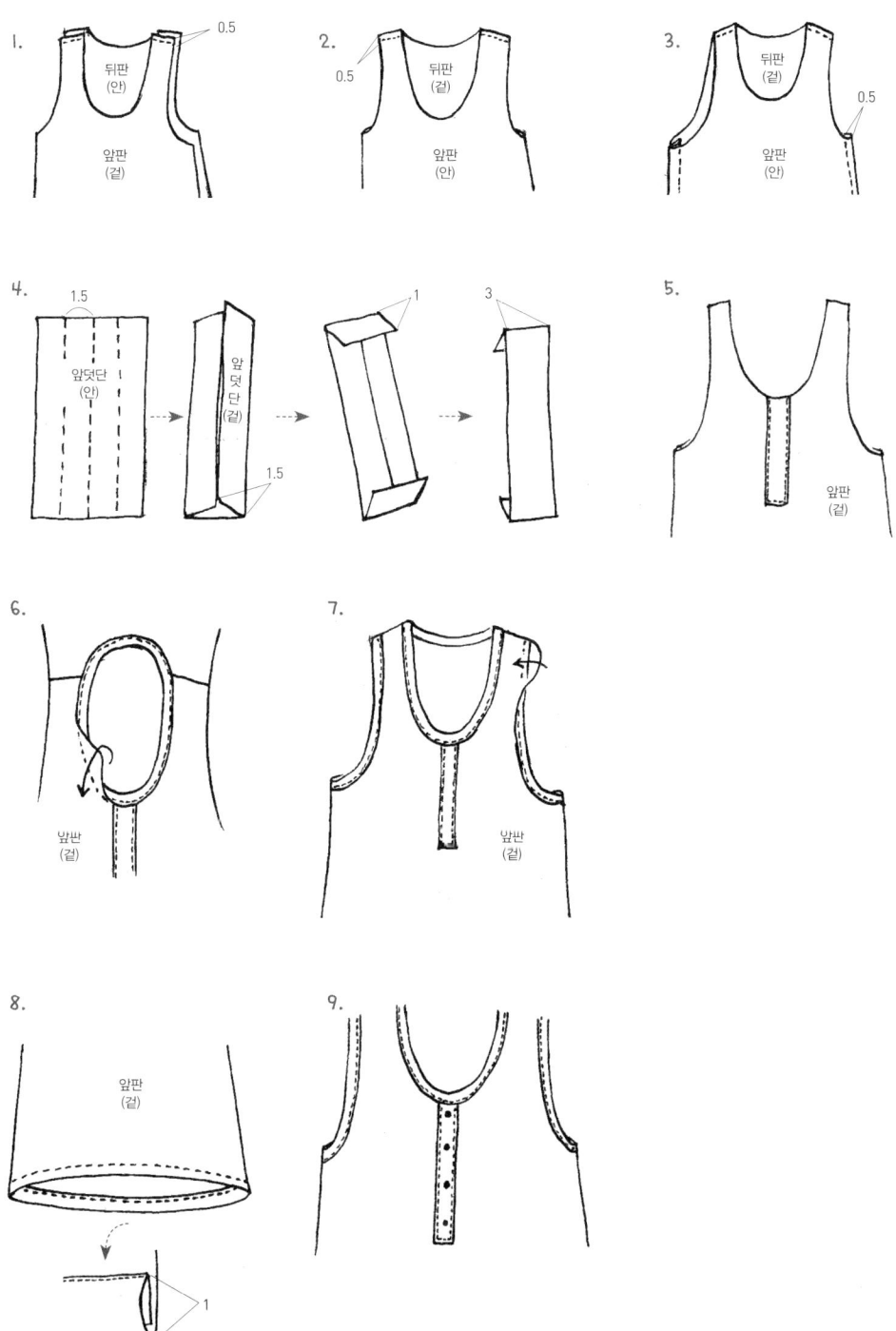

스커트

워싱된 면 소재를 이용해 적당한 길이로 만드는 편안한 스타일의 스커트입니다.
허리를 묶는 것만으로 간단히 고정할 수 있으며 사이즈에 관계없이 입을 수 있습니다.
둘둘 말아 두었다가 바지 위에 덧입기 좋은 옷입니다.

크기 36×50
재료 3중 거즈면40×130, 안단용 면 TC 40×10
재단 몸판 3장(뒤판 1장, 앞판 2장), 허리 안단 2장(뒤판 1장, 앞판 1장), 끈 2개

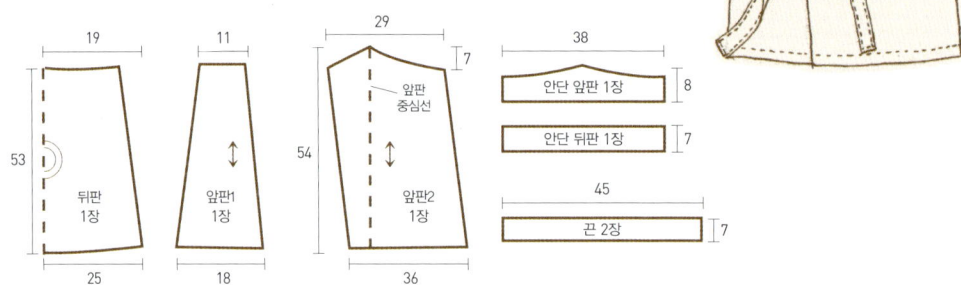

1 몸판 3장의 옆선과 밑단을 오버로크하거나 지그재그 스티치하여 시접을 정리해 놓는다.
2 앞판 2장을 1cm 시접으로 박음질하여 연결한다.
3 뒤판 겉과 연결해 놓은 앞판 겉을 마주하고 양옆선을 1cm 시접으로 연결하는데
  뒤판과 앞판1이 만나는 옆선에서 6cm 내려온 위치에서 2.5cm를 남기고 박아 끈이 들어갈 자리를 남겨 둔다.
4 원통형이 된 몸판의 밑단을 2cm 폭으로 안으로 접어 0.5cm 폭을 두고 박는다.
5 허리 안단의 앞판과 뒤판을 겉과 겉을 마주하고 양옆선을 1cm 시접으로 박아 뒤집는다.
6 앞뒤 연결한 안단의 위 부분은 0.5cm 폭으로 두 번 접어 말아박는다.
7 재단해 놓은 끈의 위아래 끝을 1cm 폭으로 접고 가운데를 중심으로 양옆에서 1cm 폭으로 접은 후
  0.1cm 스티치로 끈을 완성한다.
8 뒤판과 앞판1의 사이에 끈을 넣고 안쪽에서 1cm 시접으로 박는다.
  앞판2의 겉에 허리선에서 6cm 내려온 곳에 끈을 올려 두고 잘 고정되게 4면을 박는다.
9 몸판의 앞판 겉과 허리 안단의 앞판 겉을 마주하고 1cm 시접으로 박음질하고 허리 안단을 몸판의 안쪽으로 넘긴다.
10 몸판 안쪽으로 넘어 온 허리 안단은 입었을 때 안단이 겉으로 말려 올라오지 않도록
  안단이 넘겨진 허리선에서 0.1cm 폭으로 박는다.
11 허리 안단과 몸판 옆선의 시접이 만나는 부분도 손바느질로 두 번 정도 떠서 안단이 들리지 않게 한다.

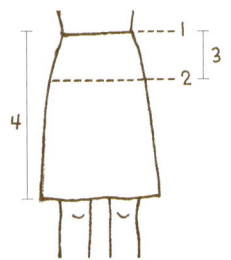

신체 치수에 따른 스커트 재단법
이 책에 나온 스커트는 55사이즈를 기준으로 만들었지만 랩 스커트이기 때문에 66사이즈까지 입을 수 있습니다. 신체 치수에 따른 스커트 재단법(그레이딩 Grading)은 저도 언제나 책을 펼쳐놓고 참고할 만큼 어렵습니다.

1 허리선을 재고   2 엉덩이의 가장 굵은 부분을 수평으로 잽니다.
3 엉덩이의 길이를 재고   4 스커트의 원하는 길이를 잽니다.

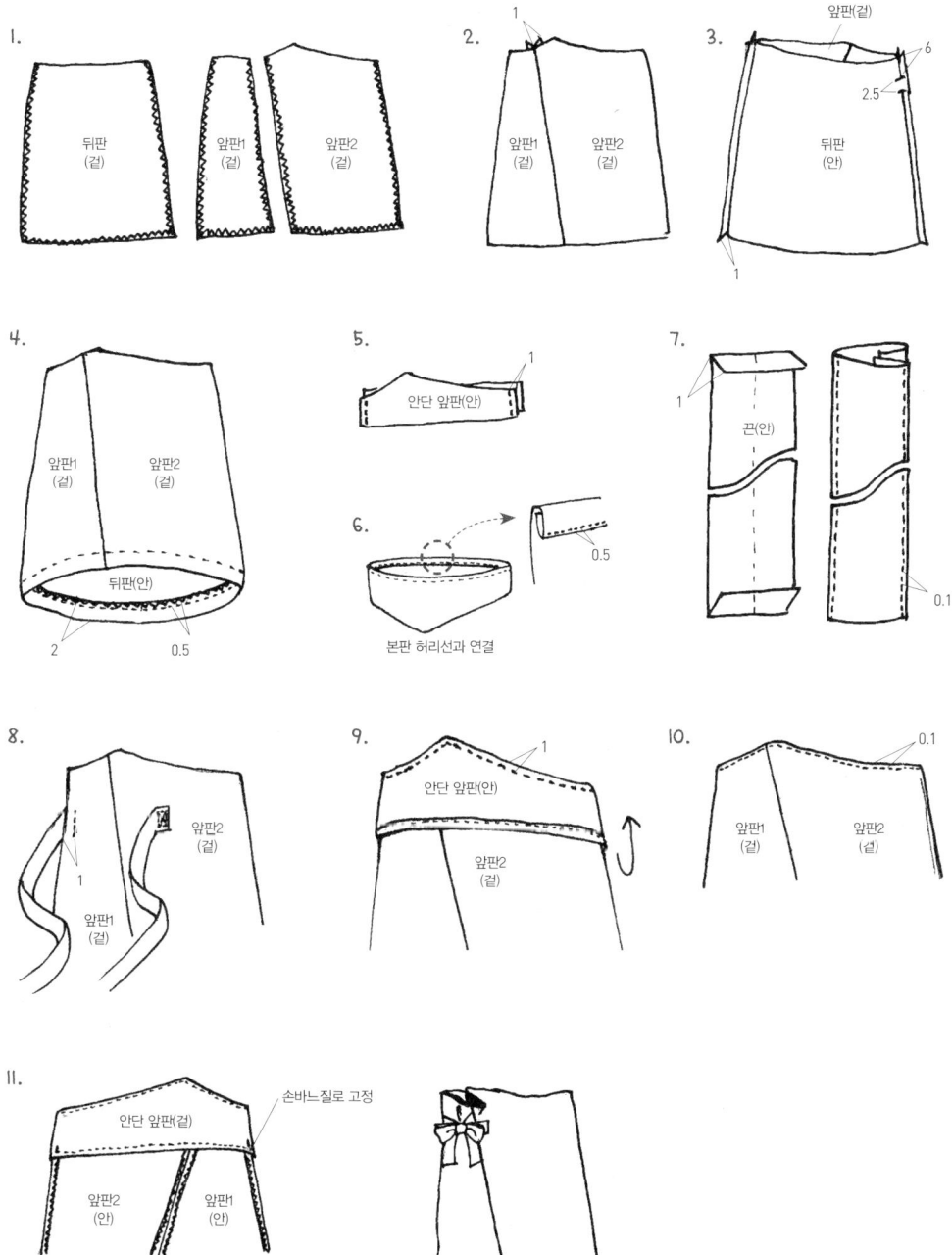

muffler
머플러

체온을 보호하면서도 개성이 묻어날 수 있는
목도리를 만들어 보세요. 목도리에 레이스를 단 다음
단추를 뿌려놓듯이 던져 위치를 잡았습니다.

머플러

크기 25×148
재료 울 150×27, 토숀레이스 205, 크기가 다른 싸개단추와 콩단추 7~8개
재단 본판 2장

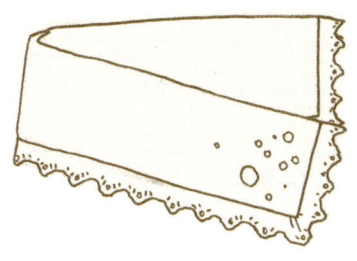

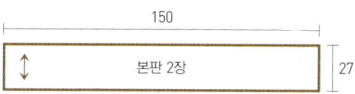

1. 두 장으로 재단한 본판을 겉끼리 마주 보게 하고 그 사이에 0.5cm 들여 레이스를 3면에 얹는다.
   양끝에 남은 레이스를 1cm 시접으로 두 번 접어 박는다.
   뒤집을 창구멍 15cm를 남기고 1cm 시접으로 박은 후 뒤집는다.
2. 창구멍은 공그르기한다.
3. 뿌린 듯 자연스럽게 단추들의 자리를 잡아 손바느질로 고정한다.

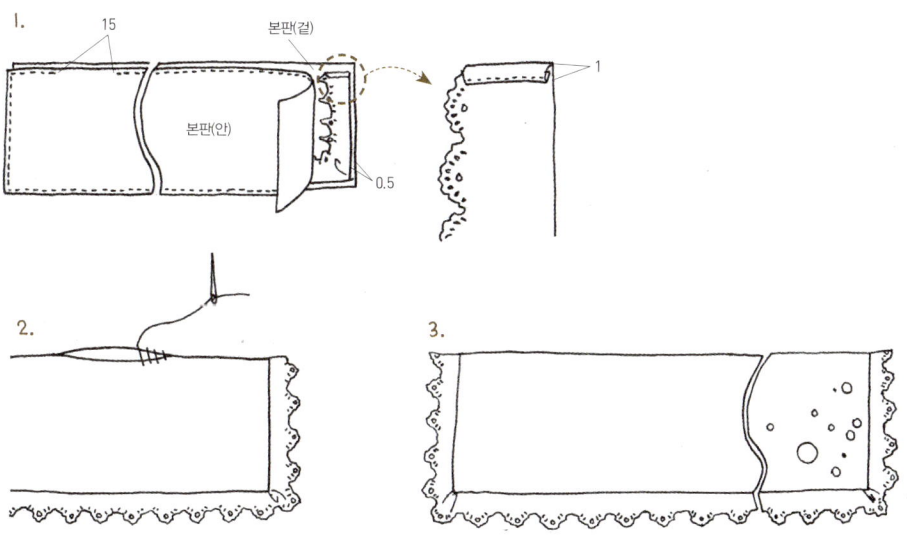

싸개단추 만들기

싸개단추는 원하는 무늬의 천을 싸개단추 몰드에 씌워 끼우면 간단히 만들 수 있습니다. 몰드는 1만 원 이내로 구입할 수 있고 mm 사이즈가 다양합니다. 제가 만든 머플러에 사용된 것처럼 다양한 크기가 필요할 때에는 부자재 상가에서 샘플로 나와 있는 것을 구입하는 것이 경제적입니다.

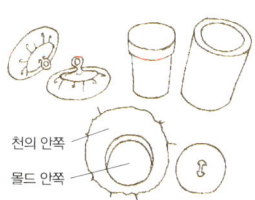

blouse
블라우스

니트로 짠 레이스를 이용해 옷을 만들었습니다.
레이스는 부자재를 파는 곳에서 쉽게 구할 수 있습니다.
손뜨개 느낌 덕분에 더 아기자기한 느낌의 옷이 됐습니다.

블라우스

크기 48×63
재료 20수 면 90×130, 2mm 폭 고무줄 100, 니트 레이스
재단 몸판 2장 (앞판 1장, 뒤판 1장)

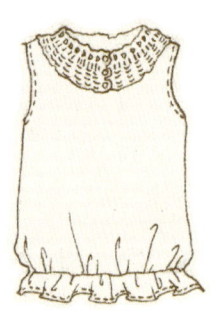
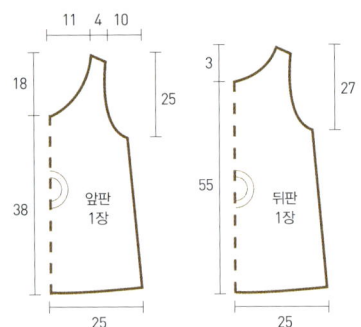

1 블라우스의 앞판과 뒤판을 재단하고 니트 네크라인 레이스를 펼쳐 놓고
  레이스가 걸쳐지는 분량만큼 앞판과 뒤판의 천을 시접 부분만 남기고 잘라낸다.
2 앞판과 뒤판을 안과 안끼리 마주하고 0.5cm 시접으로 어깨선을 연결한다.
  시접을 0.3cm 남기고 잘라낸 후 뒤집어 0.5cm 폭으로 박음질하고 뒤집는다.
3 목선의 시접부터 0.5cm 폭으로 두 번 접어 말아박는다.
4 어깨선이 연결된 몸판을 겉면이 보이게 펼쳐놓고 목선을 따라 니트레이스의 위치를 잡아 0.1cm 폭으로 박는다.
5 앞판과 뒤판의 옆선을 어깨선과 같은 방법으로 통솔로 처리한다.
  (겉에서 0.5cm 박고 0.3cm를 남기고 자른 후 뒤집어 0.5cm 폭을 두고 박는다.)
6 진동 둘레(겨드랑이)는 0.5cm 폭으로 두 번 접어 말아박는다. 밑단의 시접은 1cm 폭으로 두 번 접어 말아박는다.
7 2mm 폭의 고무줄을 원하는 사이즈의 둘레(몸판2/3의 크기)로 동그랗게 만들어 밑단에서 7cm 올라간 위치에
  4등분 후 핀으로 고정해 놓고 고무줄을 당기며 박아 자연스러운 주름을 만든다.

모티브
니트 네크라인 레이스는 원단시장에서 '모티브'라는 이름으로 판매하고 있는 손으로 짠 니트 장식입니다.
울로 만든 것과 면으로 만든 것이 있는데, 여름 원피스나 블라우스에는 면으로 만든 것을 매치하고
겨울 가디건에는 울로 만든 것을 매치하면 잘 어울립니다. 네크라인 레이스 외에도 사각이나 원형, 하트 모양 등
다양한 모티브가 있으니 가방이나 소품에 활용해 보세요.

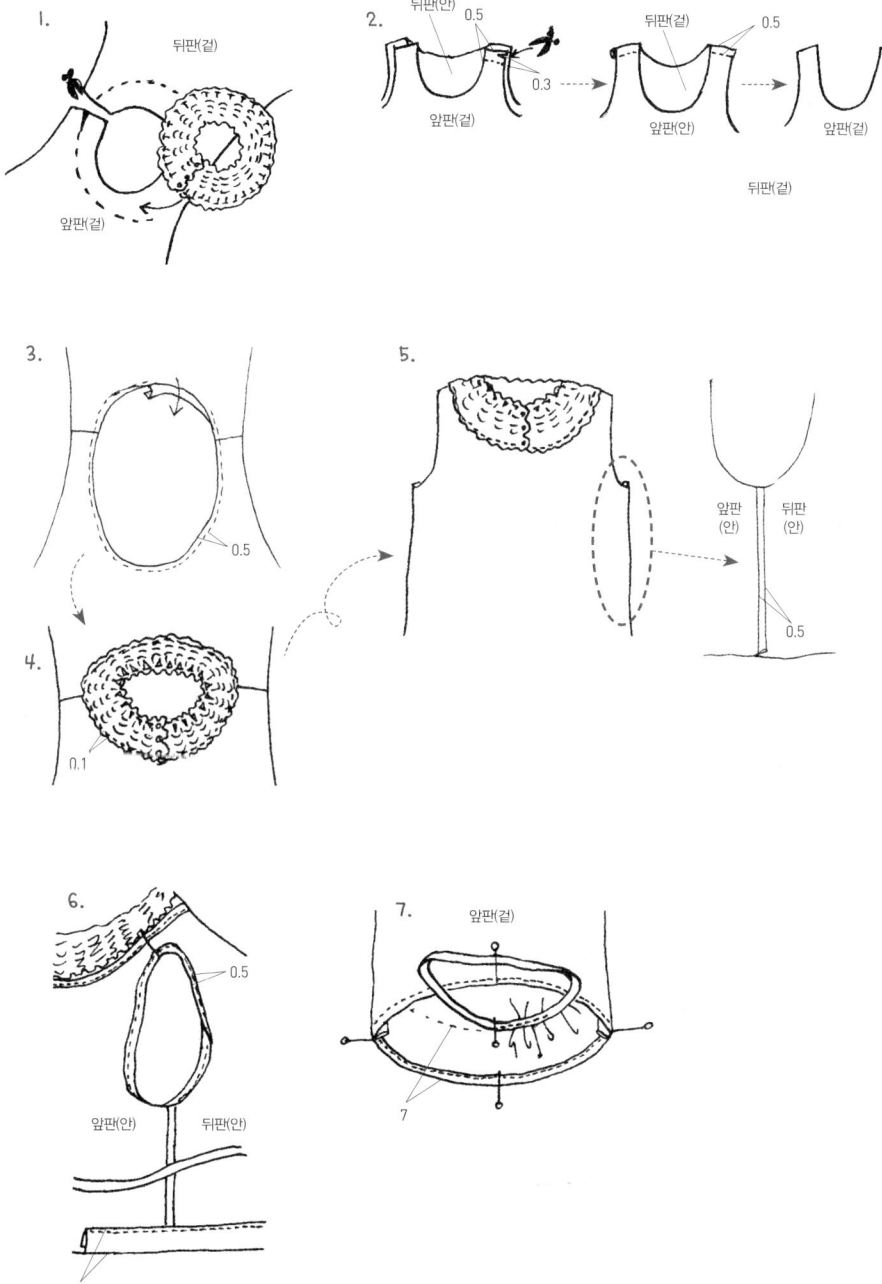

아이 원피스

아이들은 애써 옷을 만들어 주더라도 얼마 못 입히는 경우가 많습니다.
몇 번밖에 못 입히는 것이 아까워 일 년 내내 가까이 두고 입힐 목적으로
만들었습니다. 추울 때는 다른 옷 위에 배색이 되게 덧대서 입히고
더울 때는 시원하게 한 장만 입을 수 있는 옷입니다.

크기 24×46
재료 면 48×60, 4cm 폭 바이어스 60
재단 몸판 2장(앞판 1장, 뒤판 1장)

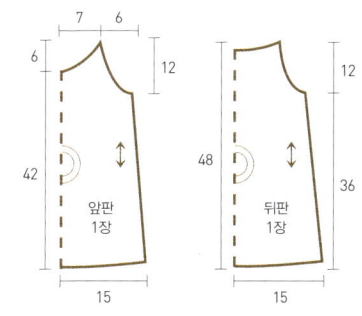

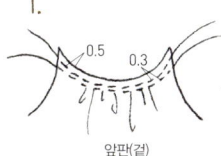

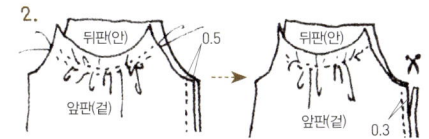

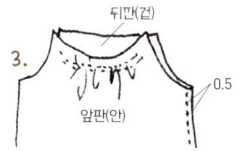

1 앞판의 가슴 부분은 양끝에 손으로 잡아당길 수 있는 만큼 실의 여유분을 주고 0.5cm 들어간 위치에서 한 번, 0.3cm 더 들어간 위치에서 한 번 더 시침질 후 당겨서 주름을 잡는다.
2 앞판의 안쪽과 뒤판의 안쪽을 마주 보게 한 후 0.5cm 시접으로 옆선을 박는다. 시접은 0.3cm 남기고 잘라낸 후 뒤집는다.
3 앞판과 뒤판의 겉이 마주보는 상태에서 옆선을 0.5cm 시접으로 박아 다시 뒤집는다.
4 앞·뒤판의 목선부터 바이어스한다. 앞판 안쪽에 바이어스의 겉을 마주 보고 1cm 시접으로 박은 후 바이어스를 겉쪽으로 넘겨 1cm씩 두 번 접은 후 0.1cm 폭으로 박아 고정시킨다. 뒤판도 같은 방법으로 박는다.
5 밑단은 안쪽으로 1cm씩 두 번 접어 말아박는다.
6 원하는 어깨 끈 길이만큼 바이어스를 잘라서 둥글게 만들고 소매 진동을 따라 바이어스를 단다.

주름 잡힌 면
덧대어 입거나 여름에 시원하게 입을 아이 옷을 만들 때는 천 자체에 구김이나 주름이 살짝 잡혀 있는 면을 고르는 것이 편하고 자연스러워 보입니다.

room shoes
실내화

실내화

포근한 느낌을 주는 울을 이용해서 따뜻하게 신을 수 있는
실내화를 만들었습니다. 스트랩을 달아 편안히 발등에 감기게 했습니다.
바닥에는 미끄러움을 방지하는 천을 깔았습니다.

크기 235mm
재료 겉감용 울·안감용 울·캔버스·미끄럼 방지천 각 45×32,
퀼트 솜 두꺼운 것, 신축성 있는 레이스, 나무단추, 고리스냅
재단 겉감·안감 각 2장, 발바닥 2장, 미끄럼 방지천 2장, 솜 2장

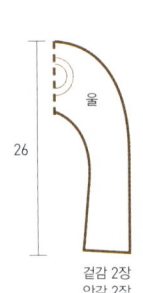
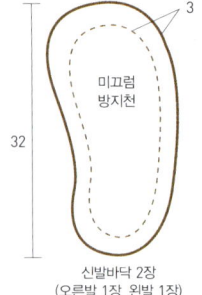
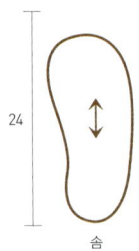

1 발등을 덮는 울의 겉감과 안감을 각각 발뒤꿈치가 될 부분부터 1cm 시접으로 겉과 겉끼리 마주보고 박는다.
2 울의 겉감 겉과 안감 겉을 마주한 사이에 실내화가 잘 벗겨지지 않게 신발끈으로 쓸 레이스를 끼워 놓고
   신발 입구 부분을 0.5cm 시접으로 돌려가며 박는다.
3 겉감과 안감이 연결된 울을 뒤집어 입구 부분을 0.2cm 폭을 두고 박는다.
4 캔버스로 재단한 발바닥 천의 겉 위에 만들어 둔 발등 부분을 올려 두고 1cm 폭으로 박는다.
5 신발바닥이 될 미끄럼 방지천은 0.5cm 들어간 위치에 시침질해서 당기며 주름을 잡는다.
   캔버스 발바닥 사이즈와 같게 3cm 들어간 부분에 솜을 넣고 솜을 감싸면서 공그르기로 고정한다.
6 캔버스 발바닥 안쪽과 미끄럼 방지 신발바닥을 연결한다.
   발바닥과 신발바닥의 안쪽을 마주 보게 하고 발바닥의 1cm 시접을 안으로 넣어가며 공그르기로 마무리한다.
7 잠금장치가 되게 울 겉으로 나무 단추를 달고 레이스 끝에 고리스냅을 단다.

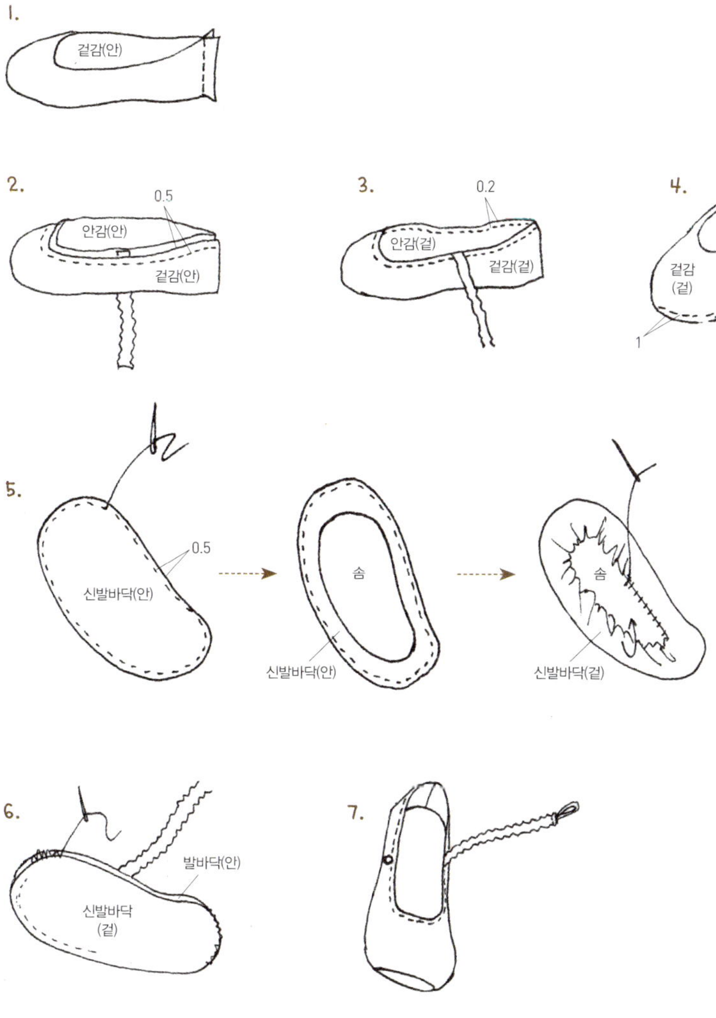

1.

겉감(안)

2.
0.5
안감(안)
겉감(안)

3.
0.2
안감(겉)
겉감(겉)

4.
겉감(겉)
발바닥(겉)
1

5.
0.5
신발바닥(안)
솜
신발바닥(안)
솜
신발바닥(겉)

6.
발바닥(안)
신발바닥(겉)

7.

실내화 바닥 & 고리스냅

제가 만든 덧신 느낌의 실내화를 만들 때는 두꺼운 퀼트솜만 넣어도 좋습니다. 하지만 시중에 판매하고 있는 바닥이 단단한 느낌으로 만들 때는 솜 아래에 부직포를 넣어 만듭니다.

고리스냅은 주로 옷에 작은 단추를 달 때 단추 구멍을 내지 않고 단추 구멍 역할을 하는 스냅의 일종입니다. 고무줄 고리가 달려 있어 끊어 쓰기 편리합니다.

간격을 두고 싶을 때는 고리를 잘라냅니다.

Eco Mom

리폼으로 얻은 명함,
직업은 에코맘
나는 살림하는 여자입니다

친환경생활수기공모전 수상작 황지영 (경기도 용인시 수지구)

저는 살림하는 여자입니다. 우리 가족이 먹고 자며 새로운 에너지를 충전하는 '우리집'이 제 일터예요. 가족의 건강과 행복을 꿈꾸는 그저 평범한 주부인 제가 친환경적이고 건강한 삶에 대해 본격적으로 관심을 가지게 된 건 7년 전 첫아이를 임신하면서부터입니다. 그때 저는 특별한 태교는 하지 않더라도 유기농 코너에서 먹을거리를 사고 아이에게는 꼭 모유수유를 하리라 다짐했답니다.

어느 날 텔레비전을 통해 아토피 피부염을 앓는 아이의 모습을 보고 큰 충격을 받았어요. 아토피 피부염은 환경오염과 각종 식품첨가물, 지구온난화와 관련이 있다고 하기에 가능하면 유기농산물을 먹고 가공식품의 섭취를 제한하며 새 물건보다는 오염물질을 덜 방출하는 중고를 리폼하여 쓰고 아이 옷은 물려받아 입혔습니다. 그 때문인지 제 두 아이는 아토피 질환 없이 건강하게 자라고 있습니다. 하지만 언제까지나 안심할 수만은 없지요. 나 혼자만 실천한다고 해서 세상을 변화시킬 수는 없으니까요.

 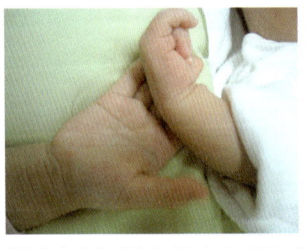

아이를 낳아 키우면서 생명의 소중함, 건강한 삶에 대해 깨닫게 되었다. 두 아이 모두에게 모유를 먹였고 특히 초유는 젖몸살을 앓으면서도 한 방울이 아까워 열심히 짜 먹였다.

"삶을 디자인합니다"

제 블로그의 제목입니다. 우리 아이들과의 소소한 일상을 채워가고 있는 인터넷 공간입니다. 아이들에게 건강한 삶을 디자인해 주고 싶은 마음을 담아 블로그를 시작했지요. 아이를 낳아보니 생명이 얼마나 소중한지 그리고 생명의 근원인 지구를 소중히 가꾸는 것이 얼마나 중요한 일인지 깨달았고 그래서 블로그에 리폼을 비롯한 친환경생활에 대한 정보를 담고자 지금도 노력하고 있습니다.

6년 전, 버려지는 물건을 리폼해서 집을 꾸미던 소박한 저의 일상에 큰 전환점이 된 사건이 일어났습니다. 당시 저는 20년 된 낡은 전세집을 하나 둘 리폼해 가며 그 과정을 블로그에 올리기 시작했더랬죠. 아이디어와 솜씨가 놀랍다는 이웃들의 칭찬 덧글에 용기를 얻어 리폼의 재미에 폭 빠져 지내던 어느 날 오후, 꾸준하게 리폼 노하우를 올렸던 제 블로그를 보고 한 방송사에서 '리폼의 여왕'이라는 타이틀로 출연 요청을 해 왔습니다. 그 출연으로 괘종시계를 이용한 장식장이 생방송으로 방영되고 사과상자로 만든 장식용 간판과 아이용 옷걸이 또한 리폼 과정이 소개되어 많은 분들의 애정 어린 관심을 받았습니다. 게다가 방송출연 선물로 유명 디자이너가 낡은 집을 멋지게 꾸며 주어 무척 행복했습니다. 마법처럼 고물이 보물로 변신하는 순간이었지요.

평범한 주부였던 저는 그때의 신나는 경험을 통해 '리폼 진도사'가 되고 싶다는 새로운 꿈을 꾸게 되었습니다. 로하스 관련 인터넷 사이트에 리폼 연재를 하게 된 것을 시작으로 한 여성 주간지에 2년 가까이 리폼 과정과 기

2005년 5월, 재활용리폼에 관한 정보를 나누고 싶어 시작한 블로그를 통해 방송에 출연하게 되었다. 특히 전국의 주부들을 몸살나게 만들었던 괘종시계를 리폼한 장식장은 '리폼전도사'가 되고 싶다는 꿈을 꾸게 만든 아이디어이기도 하다. 방송 출연 선물로 낡은 전셋집이 멋지게 변신한 것은 정말 신나는 경험이었다.

로하스 관련 인터넷 사이트에 리폼에 관한 연재를 하게 되었고 「미즈내일」이라는 여성주간지에도 2년 가까이 한 달에 한 번 기사를 제공하였다.

사과상자로 만든 Welcome 간판. 세탁소 옷걸이로 만든 리스. 철제약상자로 만든 구급함. 망가진 CD로 만든 시계.

사를 쓰는 작업을 하기도 했지요.

분유통, 통조림캔, 낡은 도마, 책상서랍, 버려진 의자, 작아진 아이옷, 과일가게 앞에 쌓인 사과상자, 명절마다 쌓이는 포장용 나무상자 등 튼튼하지만 아깝게 버려지는 수많은 물건들을 깨끗이 닦고 칠하고 예쁘게 다시 옷을 입혀 주었더니, 리폼으로 예뻐진 우리집을 보고 방법을 가르쳐 달라는 이웃분들이 많았어요. 그래서 친환경 페인트 사용법, 낡은 물건을 리폼하는 법을 알리고 이웃집을 함께 꾸미면서 수다를 떨고 점심을 얻어먹고 아이옷, 장난감, 동화책도 받아오는 등 함께 나누는 즐거움, 재활용의 뿌듯함, 사람·사이의 사소한 재미와 정을 느끼며 살았습니다.

특히 새로 이사가서 리폼으로 친해진 앞집 언니와 함께한 추억은 지금도 소중한 기억으로 남아 있습니다. 언니는 참 멋쟁이었어요. 자신의 체형과 개성에 맞게 옷을 갖춰 입을 뿐만 아니라 유행에도 뒤떨어지지 않는 세련된 감각을 갖고 있었지요. 잘 모르는 사람은 계절마다 유행 따라 옷을 마구 사들이는 줄 알았을 거예요. 하지만 언니는 옷장 속에 잠들어 있는 낡은 옷을 수선하기도 하고 구청 알뜰벼룩시장이나 구제 옷가게를 자주 이용했어요. 그런 언니가 궁상스러워 보이지 않았던 이유는 그저 유행 따라 휩쓸리듯이 소비하는 것이 아니라 자신에게 어울리는 스타일을 파악하고 합리적으로 소비하는 알뜰한 감각과 내면에서 우러나는 자신감 때문이었을 거라는 생각이 듭니다.

옷장을 열어 스타일리스트라도 된 것처럼 이 옷 저 옷 어울리게 코디를 하다 보면 친환경적으로 산다는 것이 결코 구질구질한 것이 아니라는

리폼을 도와주며 친해진 멋쟁이 앞집 언니와 함께 구입한 재활용 의류를 코디하며 우리는 멋진 스타일리스트가 된 거 같았다. 그저 유행을 따라 소비하는 패션이 아닌 우리만의 분명한 스타일이 있었다.

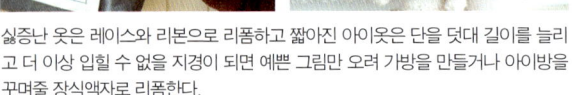

싫증난 옷은 레이스와 리본으로 리폼하고 짧아진 아이옷은 단을 덧대 길이를 늘리고 더 이상 입힐 수 없을 지경이 되면 예쁜 그림만 오려 가방을 만들거나 아이방을 꾸며줄 장식액자로 리폼한다.

면으로 만들어진 낡은 옷은 네모나게 오려 퀼트를 한다. 남편의 낡은 셔츠조각으로 만들어 주방창에 달아 본 퀼트 커튼. 아이들 옷은 나중에 퀼트 이불로 만들 예정.

것을 느낄 수 있어요. 짧은 유행주기로 말미암아 한 번 입고 버리는 패스트 패션이 등장하면서 옷을 물려 입는 경향이 사라지고 있습니다. 이러한 패스트 패션은 쓰레기를 양산하는 환경오염의 원인이 되고 있어요. 옷 한 벌을 사더라도 오래 두고 입을 수 있는지 생각해 보는 습관이 필요하리라 봅니다.

저는 아이옷의 길이가 짧아지면 예쁜 천을 덧대서 늘여 입히고 작고 낡아서 더 이상 입힐 수 없을 때는 티셔츠의 예쁜 그림만 오려서 액자로 리폼하거나 가방을 만들기도 합니다. 면으로 된 옷들은 네모나게 잘라서 모아 두지요. 한 해 두 해 아이들이 자랄수록 천 조각이 많이 모이면 퀼트이불을 만들어 줄 거랍니다. 돈 많이 드는 취미생활이 돼 버린 퀼트의 유래는 사실, 미국으로 이주해 간 유럽인들이 가난과 추위를 견디기 위해 헤어진 옷에 조각 천을 대고 누빔을 한 것에서 시작되었다고 하네요.

"삶을 하나의 무늬로 바라보라"는 영화 「아메리칸 퀼트」의 감동적인 대사처럼 퀼트

리폼으로 예쁘게 단장한 친구의 유기농 쿠키가게. 주워온 가구 세 개는 빨간색 미니커튼이 달린 가게의 창문으로 변신했다.

이불조각마다 우리 아이들의 소중한 삶을 기록한 역사가 될 거예요. 그리고 그 이불이 완성되는 어느 때쯤이면 기쁨도 슬픔도 좌절도 모두 삶이라는 큰 그림 속의 중요한 부분을 이룬다는 것을 아이들도 알게 되겠죠. 이불의 조각들을 보며 자신의 지나온 시간들을 돌아보고 앞으로 살아갈 더 크고 멋진 그림을 그려 나갔으면 하는 엄마의 바람과 마음을 모아 전해주고 싶습니다.

가장 최근에는 리폼을 통해 의미 있는 일을 한 가지 했어요. 같은 아파트에 사는 친구가 집 근처에 유기농 쿠키 가게를 열었는데요. 필요한 집기는 중고로 구입하고 나머지는 주워온 가구를 리폼해서 셀프 인테리어로 꾸몄답니다. 도와달라는 친구의 요청에 '그 큰일을 어떻게 하나' 당황스러웠던 마음도 잠시, 친구가 주워다 놓은 가구 세 개를 보자마자 쿠키매장과 작업장을 구분해 줄 가벽으로 리폼하면 정말 멋질 것 같다는 생각이 들더군요.

힘든 줄도 모르고 3주 동안 나무먼지를 뒤집어쓰고 친구와 함께 매장을 꾸미면서 참 행복했습니다. 중고로 구입한 작업대를 밤새워가며 산뜻한 빨간색으로 칠한 친구의 열정을 생각하면 더 열심히 도와주지 못한 제 자신이 부끄러워지기까지 했지요. 처음에는 비용을 줄이기 위해 시작한 리폼이었지만 친구와 저는 어느새 하나의 예술품을 창작하는 기쁨에 빠져 지냈답니다.

아이를 키우다 보니 여러 가지 고민을 많이 하게 됩니다. 공부 잘해서 성공하는 것만이 세상살이의 정석이라고 가르치고 싶지 않아요. 내 아이만 건강하게 키우기 위해 공기청정기를 들이고 유기농 의류를 입히고 유기농산물을 먹인다고 해서 행복해지는 건 아니지 않을까 싶기도 합니다. 우리 아이들이 자라서 꿈을 펼칠 세상이 오염되고 망가져 있다면 나만을 위한 이기적인 웰빙이 무슨 의미가 있겠어요.

이사 때문에 이용을 중단했던 생협에 재가입하면서 새로운 계획을 세워 봅니다. 리폼에 관한 정보로 처음 시작했던 블로그에 한 발자국 더 나아가 살림하는 주부가 쉽게 실천할 수 있는 친환경 생활법을 더 많은 이들에게 알리고 싶어 '에코맘 프로젝트'라는 카테고리를 만들었어요.

중고가구를 리폼하고 재활용 의류를 구입하고 생협을 통해 무항생제, 유기농식품을 이용하며 의식주 전반에 걸쳐 친환경적인 생활을 위해 조금씩 바꾸어 나가던 저의 일상을 인터넷을 통해 이웃들과 함께 나누려고 합니다. 면생리대, 아크릴 수세미, EM효소, 베이킹파우더, 에코백, 절전절수법, 캔들나이트……. 친환경적으로 산다는 것은 어쩌면 불편한 것일 수도 있습니다. 하지만 잠시의 불편을 참지 못한다면 앞으로 우리 아이들은 더 불행해질지도 모릅니다.

아이에게 좋은 것만 먹이고 싶은 엄마의 마음으로 친구가 정성껏 구워 낸 유기농 쿠키. 인터넷 쇼핑몰에 올릴 사진 작업을 하면서 맛있는 느낌을 사진으로 다 표현할 수 없는 게 안타깝기만 하다.

리폼의 여왕, 와이프로거, 파워블로거……. 재활용, 리폼과 더불어 함께 성장한 제 이름 앞의 수식어입니다. 그러나 전 여전히 '살림'하는 여자입니다. 살림살이는 '남을 살리고 그와 더불어 나도 함께 살기'라는 의미를 지니고 있습니다. 21세기의 주부는 가족들을 봉양하는 의미에서의 살림살이뿐만 아니라 환경까지도 살리는 '살림꾼'이 되었으면 좋겠습니다. 이제 누군가 저에 대해 물어본다면 자신 있게 이렇게 소개하고 싶습니다.

"직업은 에코맘(Eco Mom),
나는 살림하는 여자입니다."

리폼을 통해 깨닫고 얻게 된 저의 새로운 명함을 자랑스럽게 내밀면서 말이지요.

덧붙이는 글

최근 몇 년 전부터 TV환경다큐멘터리나 환경영화의 수도 부쩍 늘었고 전 세계적으로 저탄소, 녹색성장을 정책적으로 추진하는 나라들이 많아졌습니다. 북극의 얼음이 녹아서 북극곰이 먹이를 구하기 어려워 점점 사라지고 있다는 영화를 아이와 함께 보고 나서 앞으로 다가올 엄청난 재앙에 마음이 무겁고 불편해집니다.
그러나 정말 중요한 것은 환경재앙에 대한 공포심을 자극하는 것이 아니라 지구를 위해 우리가 일상 속에서 무엇을 실천할 수 있는가 방법을 찾는 일인 것 같아요. 정책을 통한 국가적 차원의 개혁과 더불어 평범한 사람의 변화된 일상이 하루하루 모이면 더 나은 지구를, 더 나은 미래를 우리 아이들에게 물려줄 수 있다고 생각합니다. 그러기에 사회의 최소단위인 가정에서 아이를 키우는 엄마의 변화된 의식, 에코맘이 중요한 거겠지요.

나의 명함. "직업은 에코맘, 나는 '살림하는 여자입니다."

블로그에 '에코맘 프로젝트'라는 카테고리를 만들었다. 리폼뿐만 아니라 면생리대, 아크릴수세미, EM효소, 에코백, 캔들나이트 등 집에서 쉽게 실천할 수 있는 친환경 생활법을 공유하려 한다.

나에게 맞는 유기농 가게 찾기

채식인이라면?
육식에 입맛이 젖은 사람들도 채식으로 식습관을 바꾸는 데 어려움이 없도록 콩과 글루텐(밀)을 사용해서 채식고기를 만든 제품과 달걀, 동물성 원료, 화학조미료, 방부제가 들어가지 않는 순수한 채식 웰빙 먹을거리를 제공한다.

베지푸드 www.vegefood.co.kr 해바라기 ww.62nong.org
베지월드 www.vegeworld.net 채식사랑비즈 www.vegn.co.kr
베지랜드 www.vegeland.com 베지테리아 vegeteria.co.kr

직접 보고 사야 안심된다면?
온라인에서 직접 사는 것은 믿을 수 없다. 지역 매장에서 꼼꼼히 살펴보고 장을 보는 세심형이라면 살고 있는 지역에서 가까운 곳에 친환경 매장이 있는지 살펴본다.

- 아이쿱생협, 한살림, 두레생협, 정농생협, 여성민우회생협, ECO생협
- 무공이네, 초록마을, 올가, 미생채, 한마음유기농쇼핑몰, 유기농 녹색가게 신시, 유기농 스토리, 온라인 유기농도매센터, 총각네 야채가게

싱글에게 딱 좋은 매장은?
싱글은 적은 양을 파는 곳이 딱 좋다. 자주 장을 보지 않고 한번 장을 보면 냉장고에 넣어 오래 두고 먹는 이에게 소량 포장으로 판매하는 친환경 매장을 추천한다.

무공이네 www.mugonhae.com 힐그린 www.haelgreen.com
농군마을 www.canaanmall.com 이팜 www.efarm.co.kr
미생채 www.misaengchae.com 올가 www.orga.co.kr

아이가 있는 집이라면?
아이가 있는 곳은 더더욱 먹을거리, ·입을거리, 생활용품에 신경 쓰게 마련이다. 먹을거리뿐만 아니라 아이에게 필요한 각종 분유, 이유식, 기저귀, 유아화장품, 장난감 등 친환경물품을 판매하는 곳을 소개한다.

유기스토어 www.62store.com 신시 www.shinsi.com
해가온 www.hegaon.com 힐그린 www.healgreen.com
미생채 www.misaengchae.com

구입하는 것으로만 만족 못해!
생태환경운동에 관심이 있고 소비자와 생산자의 건강한 관계를 꿈꾸는 분들에게 생활협동조합을 추천한다. 조합원 신분으로 생산과 유통 과정에 함께 참여할 수 있으며 소비자인 조합원이 농산물의 품질을 인증하는 '자주인증제도'를 시행하는 곳도 있다. 보통 조합원들에게 다양한 교육과 활동을 제공한다.

두레생협 www.dure.coop
한살림 www.hansalim.or.kr
아이쿱생협 www.icoop.or.kr
여성민우회생협 www.minwoocoop.or.kr

산지체험에 가고픈 활동형
생산지 탐방과 주말농장, 논농사 체험 같은 생산 과정에 함께하거나 정월대보름, 단오, 가을걷이 등 절기별 축제를 하는 곳이다. 요리, 생태목공, 건강과 관련된 교육강좌와 지역회원 모임도 진행한다.

두레생협 www.dure.coop
콩세알 www.kongseal.com
여성민우회생협 www.minwoocoop.or.kr
인드라망생협 www.budcoop.com
신시 www.shinsi.com
무공이네 www.mugonghae.com
올가 www.orga.co.kr
한마음공동체 www.yuginong.co.k
한살림 www.hansalim.or.kr

아토피 벗어던지고파~
대개 친환경 매장은 먹을거리가 중심이지만 매끈한 피부와 건강한 몸을 가꾸고 싶은 몸짱형을 위한 건강용품 및 생활용품이 많은 곳도 있다.

미생채 www.misaengchae.com
웰빙지기 www.wbzigi.co.kr
신시 www.shinsi.com
여성민우회생협 www.minwoocoop.or.kr

오프라인 천 구입처(동대문)

면
1. 태창상회(D동 1층 1576호) 02-2265-2979
2. 평화상사(A동 3층 3165호) 02-2273-1742
   100% 면 소재만 취급하는 곳입니다. 얇은 거즈에서부터 두꺼운 캔버스까지 다양한 면소재가 있습니다.
3. 신풍(B동 3층 3019호) 02-2279-9045
   정말 예쁜 면 소재가 많아요. 후염용 천도 많고 기본 아이보리 바탕에 결에 무늬를 넣은 것을 좋아해서 특히 많이 구입했던 곳입니다.
4. I&G(B동 3층 96호) 02-2263-9488
   부드럽게 워싱된 면소재가 많은 곳입니다.

리넨
1. 일진(B동 3층 3124호) 02-2277-6363
   면 소재와 리넨을 취급합니다. 무늬가 있는 리넨보다는 다양한 두께의 리넨을 구입할 수 있습니다.
2. 신우(D동 1층 1691호) 02-2277-5160
   수입 리넨을 취급하는 곳입니다. 스트라이프나 체크무늬 등 무늬 있는 리넨이 많아요.

울
1. 네이트(C동 3층 3291호) 02-2277-6363
   다양한 컬러의 소재가 많이 있어요. 가격도 저렴합니다.
2. 미림(A동 4층 4159호) 02-2276 0120
   자연스러운 색감의 울이 많이 있습니다.

레이스 및 리본
1. 솔미 레이스(B동 2층 2456호) 02-2267-2731
2. 태희 레이스(B동 2층 2909호) 02-2285-1222
   주로 모티브가 많이 있습니다.
   (제가 여성 상의의 네크라인에 썼던 것)
3. 경남 레이스(B동 1층 1536호) 02-2272-1935
   요즘 많이 유행하고 있는 토숀 레이스가 많이 있습니다.
4. 백제 레이스(B동 2층 2414호) 02-2279-7931
   테이프와 리본 취급

단추
1. 메인(D동 2층 2570호) 02-2266-2601
   나무단추, 내추럴한 분위기의 단추가 많습니다.
2. 선아상사(지하 A동 35호) 02-2267-0565
   싸개단추 취급

바늘 및 부속
삼성토탈(지하 A동 4-3호) 02-2268-1020
세아상사(B동 5층 5048호) 02-2263-8023

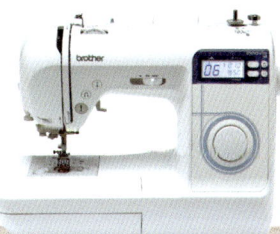

온라인 재료 구입처

오프라인처럼 재료들이 여러 곳으로 흩어져 있지 않아서 훨씬 편리합니다. 여러 곳의 온라인 샵을 이용하는 것도 좋지만 샵마다 모든 재료를 거의 갖추고 있어서 한 곳에서 사는 것이 더 편리합니다.

- http://www.thessada.com
- http://www.fashionstart.net
- http://www.decoland.co.kr
- http://hello1000.com

퀼트 용품 파는 곳에서는 수입 천과 다양한 부자재를 취급하기 때문에 눈여겨 보는 것도 좋습니다.

- http://www.quiltlife.co.kr
- http://www.quilttime.co.kr
- http://www.rosyquilt.co.kr

한땀 두땀 바느질의 즐거움
리넨스타일 천연소품 DIY

펴낸날	초판 1쇄 2009년 11월 20일
	초판 4쇄 2013년 6월 21일

지은이   정원영
펴낸이   심만수
펴낸곳   (주)살림출판사
출판등록 1989년 11월 1일 제9-210호

주소   경기도 파주시 문발동 522-1
전화   031-955-1350   팩스 031-955-1355
홈페이지 http://www.sallimbooks.com
이메일   book@sallimbooks.com

ISBN   978-89-522-1276-4   13590

* 값은 뒤표지에 있습니다.
* 잘못 만들어진 책은 구입하신 서점에서 바꾸어 드립니다.

손으로 만드는 행복
리넨&코튼으로 만드는 천연소품 이야기

"어린 조카에게 가방을 만들어 주었습니다.
엄마를 따라 시장에 갈 때 자신의 물건을 스스로 들 수 있게 하기 위해서입니다.
손으로 만든 물건의 멋과 재미를 어릴 때부터 함께 나누고 싶었습니다.
살아가며 자신의 것, 자신만의 분위기를 갖는다는 것은 중요하니까요."